el ESTILO MARY KAY

el ESTILO MARY KAY

**PRINCIPIOS
INTEMPORALES
DE LA MUJER
DE NEGOCIOS
MÁS DESTACADA
DE ESTADOS UNIDOS**

MARY KAY ASH

SELECTOR®
actualidad editorial

SELECTOR ®
actualidad editorial
Doctor Erazo 120 Colonia Doctores México 06720, D.F.
Tel. (52 55) 51 34 05 70 Fax. (52 55) 57 61 57 16
LADA SIN COSTO: 01 800 821 72 80

EL ESTILO MARY KAY
Autora: Mary Kay Ash
Traducción: Laura Hiros y Margarita Hernández.
Colección: Negocios

Traducción de la obra original *The Mary Kay Way. Timeless principles from America's greatest woman entrepreneur,* de Mary Kay Ash

Diseño de portada: Comunicaciones de marca de Mary Kay Inc. / Socorro Ramírez Gutiérrez
Crédito de fotografía: Francesco Scavullo

D.R. © Selector, S.A. de C.V., 2009
        Doctor Erazo 120, Col. Doctores
        C.P. 06720, México, D.F.

ISBN: 978-607-453-029-2

Primera edición: julio 2009

Copyright: D.R. The Mary Kay Way. Timeless principles from America's greatest woman entrepreneur,
        Mary Kay Ash, with Yvonne Pendleton © 2008 by Mary Kay Inc. All rights reserved.
        Original english language edition. John Wiley & Sons, Inc., 111 River Street,
        Hoboken, NJ 07030 New Jersey.
        All Rights Reserved.

ISBN (inglés): 978-0-470-37995-0

Sistema de clasificación Melvil Dewey

650
K1
2009

Ash, Mary Kay
El estilo Mary Kay / Mary Kay Ash;
trad. Laura Hiros, Margarita Hernández.--
Cd. de México, México: Selector, 2009.
264 pp.

ISBN: 978-607-453-029-2

1. Negocios. 2. Superación personal. 3. Administración empresarial.

DEDICATORIA

Mary Kay dedicó la versión original de esta obra a "todos los que aún creen que la *gente* y el *orgullo* son los activos más importantes para desarrollar un negocio exitoso".

Este nuevo libro está dedicado a toda la *gente* en la compañía y al cuerpo de ventas independiente que ha ayudado, con gran *orgullo*, a forjar una empresa exitosa y millones de negocios pequeños alrededor del mundo siguiendo el *estilo Mary Kay.*

Yvonne Pendleton
Editora Ejecutiva

CONTENIDO

Prefacio Ryan Rogers   *15*

Prólogo del editor   *21*

Introducción   *23*

1

El liderazgo de la Regla de Oro   *31*

La Regla de Oro es una de las filosofías más antiguas y re-
conocidas del mundo; sin embargo, con frecuencia se pasa
por alto en los círculos de negocios. Mary Kay demuestra que esta regla todavía es poderosa en el complicado
mundo de hoy.

2

El activo más valioso es la gente   *45*

Los líderes y también las compañías dependen del desempeño de su gente. Las personas eficaces son el activo más
importante de una empresa. La gente es más relevante que
el plan.

3

El letrero invisible   *51*

Todos llevan colgado del cuello un letrero invisible
que dice: "¡HAZME SENTIR IMPORTANTE!" Nunca
olvides este mensaje al trabajar con personas.

4   *Elogia a la gente en su camino al éxito*   *59*

Cada uno de nosotros anhela el reconocimiento. Hazle
saber a los demás que agradeces su desempeño y en respuesta harán un trabajo aún mejor. El reconocimiento es
la más poderosa de todas las técnicas de motivación.

5   *El arte de escuchar*   *69*

Los buenos líderes saben escuchar. Dios nos dio dos oídos
y sólo una boca, así que debemos escuchar el doble de lo
que hablamos. Cuando escuchas, te beneficias doblemen-
te: recibes la información necesaria y haces sentir importante a la otra persona.

6   *Un sándwich al estilo Mary Kay: la crítica*
       entre dos gruesas rebanadas de elogios   *79*

A veces, es necesario hacerle saber a alguien que no
estamos contentos con su desempeño. Pero asegúrate de
criticar la acción, no a la persona. Es importante criticar
de manera efectiva y positiva para no destruir la moral.

7   *Cumple cabalmente con tus responsabilidades*   *87*

Sé el tipo de persona en quien siempre se puede confiar
en que cumplirá con su responsabilidad. Sólo un pequeño porcentaje de la gente tiene la capacidad para cumplir
cabalmente con su responsabilidad y todos le tienen la
más alta estima. Es indispensable que tus integrantes de
equipo o empleados sepan que posees esta rara cualidad y
te consideren una persona totalmente confiable.

8 *El entusiasmo… ¡mueve montañas!* *103*

No es posible lograr nada grandioso sin entusiasmo. Los líderes son entusiastas y el entusiasmo es contagioso. Curiosamente, la palabra *entusiasmo* es de origen griego y significa "Dios dentro de nosotros".

9 *La velocidad del líder es la velocidad del grupo* *111*

Tienes que marcar el paso para tu gente. Los verdaderos líderes no tienen miedo de ensuciarse las manos y son ejemplo para los demás demostrando sus buenos hábitos de trabajo y manteniendo una actitud positiva y un espíritu de compañerismo. Los auténticos líderes establecen patrones de éxito que provocan que todos piensen en el éxito.

10 *La gente apoya lo que ayuda a crear* *123*

Un líder eficiente invita a la gente a participar en nuevos proyectos que todavía están en la etapa de creación. Al confiar en asociados y pedir sus opiniones, se consigue apoyo en la etapa inicial de cada nuevo proyecto. Es un hecho que la gente con frecuencia se resiste al cambio cuando no participa en el proceso de toma de decisiones. ¡Algunos de los mejores líderes "siembran la semilla" que permite que otras personas propongan ideas y reciban crédito por ellas!

11 *Una filosofía de puertas abiertas* *137*

En la sede de Mary Kay, no existen títulos en las puertas de los ejecutivos y hay acceso a los ejecutivos de todos los niveles gerenciales. Cada miembro de la compañía, desde el que trabaja con la correspondencia hasta el presidente de la junta directiva, es un ser humano y se le trata como corresponde.

12

Ayuda a los demás a obtener lo que deseen
y obtendrás lo que tú desees   145
Como dice la parábola de los talentos (Mateo 25: 14-30),
nuestro propósito es usar y desarrollar los talentos que
Dios nos ha dado. Si lo hacemos, Dios nos dará más.

13

Aférrate a tus principios   155
Todo está sujeto a cambios, excepto tus principios. *Nunca*
los pongas en peligro.

14

Cuestión de orgullo   163
Cada persona dentro de la organización debe sentirse
orgullosa de su trabajo. También, deben estar orgullosas de
estar asociadas con la compañía. El trabajo de un gerente
es infundir este sentimiento y promover esta actitud entre
su gente.

15

No te duermas en tus laureles   177
Nada se marchita más rápido que los laureles sobre los
que alguien se ha dormido. Cada persona debe tener un
programa de mejoramiento personal de por vida. En el
mundo acelerado en que vivimos hoy no puedes quedarte
quieto. Tienes que ir hacia delante o hacia atrás.

16

Sé una persona arriesgada   185
Debes animar a la gente a arriesgarse y hacerle saber que
no pueden "ser ganadores en todo". Si les das un regaño
demasiado fuerte por perder, dejarán de arriesgarse.

17 _Trabaja y disfrútalo_   _191_

Está bien divertirte mientras trabajas. Los buenos gerentes fomentan el sentido del humor. De hecho, mientras más disfrute la gente de su trabajo, más productiva será.

18 _Nada sucede hasta que alguien ¡vende algo!_   _199_

Cada organización tiene algo que "vender" y cada persona en la compañía tiene que darse cuenta de que nada sucede hasta que alguien vende algo. Por lo tanto, se debe apoyar incondicionalmente el esfuerzo de los vendedores.

19 _No te escudes tras las políticas y la pomposidad_   _209_

Nunca digas: "Esto va en contra de la política de la compañía" a menos que tengas una buena razón para respaldar esa política. Esto enfurece a la gente. Es como si les dijeras: "Lo hacemos así porque siempre lo hemos hecho así". De la misma manera, la pomposidad puede ser una cubierta transparente para la incompetencia.

20 _Sé una persona que soluciona problemas_   _221_

Los mejores líderes reconocen cuando existe un problema real y saben cómo actuar para resolverlo. Tienes que desarrollar la habilidad para ver la diferencia entre un problema real y uno imaginario.

21 _Menos estrés_   _229_

El estrés reprime la productividad. Los líderes se esfuerzan por crear un ambiente de trabajo sin estrés para sus trabajadores utilizando técnicas tanto físicas como psicológicas.

22   *Haz que tu gente se supere*   237

Las compañías mejor administradas desarrollan empleados
dentro de la empresa para convertirlos en gerentes. Raras
veces buscan personas de afuera. De hecho, es señal de
debilidad cuando una compañía busca personal gerencial
fuera de ella con demasiada frecuencia. Es muy probable que se vea afectada la moral de la compañía, la gente
podría comenzar a sentirse amenazada y pensar: "Independientemente de lo bueno que sea mi desempeño, una
persona de afuera probablemente obtendrá el puesto que
quiero".

23   *Vive según la Regla de Oro dentro y fuera del trabajo*   245

No seas hipócrita. Vive cada día de la semana como si
fuera domingo. No se puede tener dos códigos morales
distintos. Compórtate en los negocios con los mismos escrúpulos que quisieras que tus hijos tuvieran en sus vidas.

Epílogo: Líderes que hacen líderes   253

¿Qué tienen que decir las líderes del cuerpo de ventas
independiente que han alcanzado el mayor éxito siguiendo estos principios? Casi 25 años después de haberlos
escrito, los pensamientos e ideas de Mary Kay son tan
intemporales hoy como lo han sido siempre, según 500
mujeres alrededor del mundo en la cima del cuerpo de
ventas independiente. Ellas son su legado viviente.

EL ESTILO MARY KAY

Este libro representa la labor de toda una vida de una mujer extraordinaria a quien tuve la gran fortuna de llamar "Abuela Mary Kay". Ella vivió poniendo en práctica estos principios y filosofías, y crió a sus hijos siguiéndolos con claridad. Ahora que tengo más edad puedo ver cómo infundió estos principios y filosofías en mí durante mi niñez. Ella sabía que ejercerían una influencia positiva en mi vida.

En 1963, cuando fundó la "compañía de sus sueños", adoptó los valores que forjaron su negocio. Durante el transcurso de los últimos 45 años, tales valores han cambiado positivamente a millones de vidas dentro de nuestro cuerpo de ventas independiente. Todavía son las guías que nos dan dirección al administrar nuestro negocio hoy. Y lo serán siempre. Mi abuela las creó, mi padre las cultivó y yo las perpetuaré *al estilo Mary Kay*.

Cuando nací, mi Abuela Mary Kay ya había ingresado al Salón de la Fama de la industria de las ventas directas. Y, cuando tenía un año, era demasiado joven para entender el significado de que la seleccionaran para recibir el premio al ciudadano estadounidense distinguido de Horatio Alger. A la edad de dos años, todavía era muy joven para recordar cuando le hicieron un reportaje en el programa *60 Minutes* y la entrevista durante la cual Morley Safer le preguntó: "¿…no cree usted que de cierta forma está usando a Dios?" A lo cual Mary Kay respondió: "Espero que no. Espero que no de todo corazón. Espero que sea Él quien me esté usando a mí". Pero sí recuerdo que siempre me hacía sentir importante. Con el paso de los años, comencé a entender la relevancia que Mary Kay le daba al arte de escuchar, a tratar a la gente como quería que la trataran a ella y a alcanzar el éxito haciendo el bien. Ponía en práctica todas estas cosas con su familia y con todas las personas con quienes trataba en los negocios.

Tenía siete años cuando este libro se publicó por primera vez en 1984 y ella me autografió una copia. Todavía la guardo como un tesoro porque las palabras de esta obra son la gran verdad que vi reflejada en su vida. Me dijo: "Aprende todo esto para que lo pongas en práctica cuando *tú* seas Presidente de Mary Kay".

Veinticuatro años después, aún sigo sus consejos. Todos los líderes en Mary Kay Inc. usamos como referencia este libro constantemente. Éste no sólo nos sirve de modelo de cómo hacer las cosas con *el estilo Mary Kay*, también, como ella misma señala en la introducción, lo consultamos para continuar teniendo "sensibilidad por las necesidades de los demás". Siempre supe quién era mi abuela y a qué se dedicaba, pero no fue hasta que comencé a trabajar en Mary Kay en el año 2000 cuando verdaderamente me di cuenta de cuánto significó ella para tantas otras personas. En nuestra sede, veía fotos de mi abuela enmarcadas y colocadas en lugares prominentes de los escritorios, cubículos y oficinas de la gente, igual que las de un miembro preciado de la familia. Cuando comencé a asistir a eventos de la compañía con nuestro cuerpo de ventas independiente, me contaban sus historias y recuerdos más preciados de Mary Kay. Al momento de su fallecimiento, viví de primera mano el gran derroche de amor para mi abuela. Las expresiones sinceras, las cartas y las entrevistas me hicieron comprender mejor la dimensión de sus contribuciones.

Hace varios años, llevamos a cabo por primera vez una conferencia mundial en Dallas para todos los líderes de las subsidiarias Mary Kay alrededor del mundo. Nunca olvidaré que uno de nuestros ejecutivos llevaba una copia de este libro y le preguntaba al grupo si todos lo habían leído.

A todos los que levantaron la mano para indicar que sí les dijo: "Fabuloso. Léanlo nuevamente".

A los que aún no lo habían leído les surgirió: "Consigan una copia antes de irse y léanlo". Luego continuó: "Si descubren que no pueden estar o no están de acuerdo con los principios en este libro, sólo tienen que buscar la puerta".

A medida que comencé a viajar a nuestros mercados alrededor del mundo a lugares como China, México y Rusia, me sorprendió notar lo bien que la gente comprendía los principios Mary Kay. Independientemente del lugar donde estaba, había personas trabajando con *el estilo Mary Kay,* haciendo sentir importantes a los demás y tratando a los demás como querían que los trataran a ellos. Regresaba a casa maravillado a contarle a mi padre, Richard Rogers, quien ayudó a mi abuela a iniciar la compañía, que la cultura Mary Kay es un increíble lenguaje internacional. Funciona en todas partes.

Hoy mujeres que viven en lugares a los que mi abuela nunca viajó están desarrollando negocios Mary Kay basándose en sus creencias. La evidencia anecdótica sobre la influencia positiva que Mary Kay ejerció en tantas vidas puede ser a veces una lección de humildad. No importa si se trata de una mujer rusa que pensaba que su vida había terminado cuando quedó viuda muy joven, una mujer asiática luchando con la indecisión entre dejar una carrera prometedora o vender cosméticos, una mujer estadounidense que creció en un hogar sustituto pensando que no le importaba a nadie o una mujer mexicana que vendía pollos en el mercado hasta que encontró una mejor manera de darle de comer a su familia. El modo en que cambió la vida de estas mujeres me confirma que mi abuela sí sabía lo que hacía.

En 2003, dos años después de la muerte de mi abuela, tuve el honor de aceptar un premio que se le otorgó como resultado de un estudio académico de la Universidad de Baylor para determinar quiénes eran los empresarios más destacados en la historia de Estados Unidos. El bisnieto de Henry Ford aceptó su premio, el fallecido John H. Johnson estuvo allí para aceptar su premio como empresario minoritario más importante y Mary Kay Ash fue reconocida como la mujer de negocios más destacada en la historia de Estados Unidos. En ese momento, declaré que la mejor contribución de mi abuela al mundo fue aprovechar al máximo las mentes y los corazones de las mujeres.

En 2004, la Escuela de Negocios Wharton de la Universidad de Pennsylvania entrevistó a mi padre luego de nombrar a Mary Kay como una de las 25 mujeres de negocios más destacadas de nuestros tiempos en un estudio efectuado por Wharton y PBS. Este libro titulado *Lasting Leadership* (Liderazgo perdurable) es una de las pocas veces en que mi padre, quien trabajó con mi abuela desde que tenía 20 años para desarrollar su compañía, ha hablado públicamente de mi abuela desde su fallecimiento. En un libro con 23 historias de líderes masculinos como Grove, Gates, Buffet, Walton, Greenspan y Welch, mi padre habló sobre una de las dos únicas mujeres en el libro. Explicó que el "desarrollo de relaciones está arraigado en el modelo de negocios" Mary Kay. Nada ilustra mejor el poder de su legado que nuestro cuerpo de ventas de 1.8 millones de integrantes.

Durante la planificación de esta nueva edición para celebrar nuestro 45° aniversario, decidimos que sería interesante añadirle al libro material nuevo que demostrara cómo los principios que aparecen en él han influido en las 500 mujeres líderes alrededor del mundo que los pusieron en práctica para desarrollar los negocios Mary Kay más exitosos: las directoras nacionales de ventas independientes. Este grupo está formado por mujeres de todas las generaciones y de todo tipo de orígenes, lenguas y culturas. Algunas poseen títulos universitarios avanzados y otras nunca habían trabajado fuera de su casa antes de tener su negocio Mary Kay.

Si hay algo con lo que estoy totalmente de acuerdo es que estas palabras de Mary Kay son intemporales. Dicen que los principios de mi abuela armonizan magníficamente al desarrollar un negocio, al desarrollar una vida. Al responder a nuestras preguntas sobre el significado de este libro para ellas, nos animaron a dar a conocer estos principios a futuras generaciones de líderes Mary Kay en el cuerpo de ventas independiente y en la compañía.

Igual que en cualquier momento de nuestra historia, *El estilo Mary Kay* rige e impulsa nuestra empresa mundial a la vez que enriquece la vida de millones de familias alrededor del mundo. Y así continuará.

Ryan Rogers

PREFACIO DEL EDITOR

Cuando Mary Kay Ash publicó este libro por primera vez en 1984, su compañía de cosméticos había celebrado recientemente su 20° aniversario. En él describió ventas anuales que superaron los $300 millones y un cuerpo de ventas independiente de más de 200,000 integrantes. Esta nueva edición se publica al celebrar el 45° aniversario, con ventas al mayoreo que superaron los 2.4 mil millones de dólares y un cuerpo de ventas independiente con 1.8 millones de integrantes alrededor del mundo. Es también la primera vez que esta obra se publica en español para el cuerpo de ventas independiente de habla hispana de Estados Unidos. Mary Kay® figura continuamente entre las marcas más sobresalientes de Estados Unidos. En Mary Kay Inc. estamos muy orgullosos de su legado y emocionados de compartirlo contigo en esta nueva edición de su libro más importante. Los principios en este texto son la base de todo lo que hacemos y son los responsables del impresionante crecimiento del negocio y su reputación alrededor del mundo desde que Mary Kay Ash fundó lo que ella llamó la "compañía de sus sueños" en 1963.

Sabemos que la cultura Mary Kay es respetada en los círculos de negocios y que es objeto de estudio en algunas de las instituciones académicas más prestigiosas.

Recientemente, les pedimos a las directoras nacionales de ventas Mary Kay independientes —las mujeres más destacadas dentro del cuerpo de ventas— que compartieran los principios de este libro que habían tenido la mayor influencia en su negocio y su vida. Ciento setenta y cinco de ellas, procedentes de todas partes del mundo, respondieron entusiasmadas. Al traducir y recopilar sus comentarios, notamos que había un consenso. Todas estas mujeres increíbles creían que esta obra había sido fundamental en su éxito. Hoy presentan clases, ofrecen discursos y discuten ejemplos de liderazgo con equipos muy diversos basándose en estos principios. También, continúan recibiendo inspiración de los mensajes. Muchas sugieren que El estilo Mary Kay se señale como lectura obligada para todos aquellos que desean ser exitosos en un negocio. Todas lo recomiendan como manera de desarrollar tu vida. Como dijo la directora nacional de ventas Svetlana Kisurkina de Ucrania: "En momentos críticos de mi vida, estoy segura de que puedo encontrar las respuestas a mis preguntas en este libro".

Para una directora nacional de ventas de Estados Unidos, ya habían pasado varios años desde que obtuvo su atesorada y gastada copia de la primera edición de este libro. Sherril Steinman aprovechó la encuesta para leerlo nuevamente de principio a fin. Al terminarlo, hizo tres cosas descritas a continuación en sus palabras:

1. Lloré y lloré por la genialidad de Mary Kay Ash.

2. Llamé al líder de nuestro grupo de ventas en la compañía y le sugerí que el libro se convirtiera en lectura obligada para todo el mundo.

3. Le escribí una carta a Helen McVoy (una de las primeras dos mujeres en convertirse en directora nacional de ventas en 1971) para expresarle mi gratitud por todo lo que me había enseñado y por ser el modelo que quería emular en mi trabajo.

Muchas de las directoras nacionales de ventas tuvieron la extraordinaria experiencia de trabajar junto a Mary Kay Ash. Pero independientemente de si aprendieron de su sabiduría de primera mano o si lo hicieron a través de una mentora, todas toman muy en serio las pautas Mary Kay. Ellas hablan convincentemente de perpetuar estos principios para las generaciones futuras, tal y como la fundadora de la compañía las dio a conocer por primera vez.

INTRODUCCIÓN

La mayoría de los libros sobre liderazgo han sido escritos *por* hombres y *para* hombres. Aunque creo que la mujer puede aprender muchísimo de ellos, también considero que no es posible para nosotras producir un clon femenino de nuestra contraparte masculina porque *somos diferentes*. Las mujeres no pueden duplicar el estilo gerencial masculino, de la misma manera en que los hombres de negocios estadounidenses no pueden reproducir en forma exacta el estilo japonés. Esto no quiere decir que los estadounidenses y los japoneses no puedan aprender del estilo del otro. Ellos sí pueden aprender y así lo hacen. De la misma manera la mujer puede obtener del hombre conocimientos considerables sobre liderazgo. Pero también los hombres pueden aprender mucho de las mujeres. Para mí, P y L no sólo significan *profit and loss* (ganancias y pérdidas); también significan *people and love* (gente y amor).

En Mary Kay la gente es nuestra prioridad: el cuerpo de ventas independiente, los empleados, las consumidoras y nuestros proveedores. Nos enorgullece que se nos conozca por "la gente que se *queda* con nosotros". Sin embargo, nuestra creencia de ser generosos con las personas no está en conflicto con nuestra necesidad como empresa de generar ganancias. Sí, estamos siempre atentos al ingreso neto, pero no nos obsesionamos demasiado.

Muchos nos ven como un enigma, pero la historia de éxito Mary Kay no es un misterio para mí. Esta increíble compañía y el cuerpo de ventas independiente no han alcanzado el éxito a través de la competencia brutal que es tan común en los "grandes negocios", sino a través de la sensibilidad ante las necesidades de los demás. Nunca hubiésemos alcanzado nuestro actual desarrollo sin el entusiasmo de miles de mujeres y un personal comprometido. Nuestro secreto es un concepto singular de liderazgo, uno basado en la Regla de Oro, que permite que la justicia florezca en los negocios. Nuestros métodos son aplicables a cualquier organización y el propósito de este libro es compartirlos contigo ahora.

Mi historia comienza con lo que otros considerarían un desenlace. En 1963, antes de fundar mi compañía, me jubilé después de veinticinco años en las ventas directas. Amaba mi trabajo y, como directora nacional de capacitación en una empresa grande, había alcanzado muchas de mis metas. No obstante, al reflexionar sobre mi carrera, me sentí descorazonada.

El aburrimiento de la jubilación me causó un profundo descontento. Había alcanzado el éxito, pero sentía que mi arduo trabajo y mis habilidades nunca habían sido compensados justamente. Sabía que me habían negado oportunidades para alcanzar mi potencial máximo sencillamente por ser mujer y estaba segura de que estos sentimientos no surgían meramente de la autocompasión excesiva, sino porque había conocido personalmente a tantas otras mujeres que sufrieron injusticias similares.

Asimismo, sabía que no era saludable reprimir la ira. Durante años, me había enorgullecido de ser una persona positiva; sin embargo, me había llenado de pensamientos negativos. Para sacar de mi corazón estos sentimientos, decidí hacer una lista de todas las cosas buenas que me habían ocurrido durante los últimos 25 años. Obligarme a pensar positivamente hizo maravillas por mi espíritu. Pude superar el descontento que sentía y mi viejo entusiasmo volvió lentamente. De pronto, se me ocurrió que esas notas podrían servir como base de un libro para ayudar a otras personas. Así que decidí profundizar y enumeré todos los problemas que creía que habían entorpecido mi carrera.

Leí las listas una y otra vez, convencida de que estaba a punto de descubrir algo. Igual que una madre se esfuerza por proteger a sus hijos, quería ayudar a otras mujeres para que no tuvieran que sufrir lo que yo había sufrido. Me di cuenta de que las listas estaban convirtiéndose en un libro sobre la manera correcta de ser líder y motivar a los demás. Pero, ¿quién era yo para escribir un texto sobre liderazgo? No tenía credenciales formales en esta área, ni como autora. Independientemente de lo efectivas que fueran mis ideas, ¿quién iba a prestarles atención? A pesar de esto, la Regla de Oro (trata a los demás como quieres que te traten a ti) continuaba en mis pensamientos. De haber estado a cargo de mi vieja compañía, hubiese usado esa regla con todo el mundo: tanto hombres como mujeres. Me parecía que seguir la Regla de Oro era una manera muy obvia de motivar y ser líder.

Pensé que si existía una empresa como esta, seguramente sería una "compañía ideal". Instantáneamente, me surgió una pregunta atrevida pero simple: "En lugar de hablar o escribir sobre la compañía, ¿por qué no la fundas?" Fue entonces cuando decidí hacer realidad el sueño.

Una vez que tomé la decisión, necesitaba algo que vender. Quería un producto de primera calidad; uno que beneficiara a otras mujeres y que las mujeres se sintieran cómodas vendiéndolo. También, quería ofrecer a la mujer una oportunidad sin límite de hacer cualquier cosa para la cual tuvieran suficiente inteligencia y motivación.

Luego de pasar días y noches tratando de pensar en el producto, finalmente caí en cuenta: vendería mis productos del cuidado de la piel. Una cosmetóloga local que visité durante mi época en las ventas directas me los había mostrado por primera vez hace 10 años. Empleando las fórmulas creadas por su padre, desarrolló cremas y lociones para las clientas en el pequeño salón de belleza que operaba en su casa. Yo los usaba y muchas de mis familiares y amigas también habían estado utilizando estos maravillosos productos durante varios años, así que cuando la cosmetóloga murió, le compré las fórmulas originales a su familia. Dado que yo misma había usado los productos con buenos resultados, sabía que eran excelentes. Con algunas modificaciones y un empaque de alta calidad, ¡sabía que se venderían muy bien!

A pesar de que la compañía ahora tiene productos para hombres, mi objetivo principal era establecer una empresa que le diera una oportunidad ilimitada a la mujer. Era una época en que con frecuencia a la mujer se le pagaba cincuenta centavos por el mismo trabajo que hacían los hombres. Me molestaba que se les pagara más a los hombres "porque ellos tenían una familia que mantener". Asimismo, me disgustaba cuando un gerente descartaba mis ideas o sugerencias diciendo: "Mary Kay, estás pensando como mujer".

A lo largo de este libro, discuto las formas específicas en que las mujeres *piensan de manera distinta* a los hombres. Estas diferencias no son de ningún modo inferiores o incompatibles con "la manera de pensar del hombre". Así que uno de mis objetivos al fundar Mary Kay fue crear un ambiente de negocios en el cual "pensar como mujer" no fuera desventaja. En mi compañía, fomentaría, no reprimiría, esa sensibilidad y ese talento especial que a menudo llaman "intuición femenina".

A diferencia de muchas personas que comienzan un negocio nuevo, el dinero no era mi motivación principal aunque tampoco estaba en tan buena situación económica para no tenerlo en cuenta. De hecho, estaban en juego los ahorros de toda mi vida. El negocio tenía que ser exitoso o nunca iba a tener otra oportunidad de comenzar mi propio negocio.

El viernes 13 de septiembre de 1963, abrí las puertas de Mary Kay Cosmetics en una tienda de 500 pies cuadrados en Dallas. Mi hijo Richard de 20 años de edad se unió a mis esfuerzos y nueve mujeres entusiastas se convirtieron en las primeras consultoras de belleza Mary Kay independientes. Todos trabajamos mano a mano. No había descripciones de puesto. Todos hacíamos lo que fuera necesario hacer. Yo vendía, capacitaba a otras mujeres, llevaba a cabo reuniones de ventas y vaciaba los cestos de la basura.

Richard se hacía cargo de la contabilidad y surtía pedidos. Con el paso de los años, tuvimos un crecimiento constante, fieles a nuestra decisión original de administrar el negocio siguiendo la Regla de Oro y ofreciendo oportunidades ilimitadas a la mujer.

Hoy, como fundadora y presidenta de Mary Kay, finalmente estoy escribiendo el texto sobre liderazgo que comencé en 1963. Lo que antes fue una teoría, ahora es una realidad. Hoy tenemos veinte años de experiencias exitosas. Este libro es especialmente para las millones de mujeres que han entrado al mercado laboral.

Cuando comenzamos el negocio, era fácil manejarlo como una familia afectuosa. Éramos sólo unos cuantos y cada uno dependía de los demás. Nos teníamos afecto y trabajábamos mano a mano como iguales. Ahora que la compañía es grande, ya no es tan sencillo mantener el mismo ambiente familiar. No es fácil, pero tampoco es imposible. Trabajamos ardua y continuamente en ello. Es nuestra prioridad más importante y funciona.

el ESTILO MARY KAY

1 El liderazgo de la Regla de Oro

La Regla de Oro nos enseña: "Trata a los demás como quieres que te traten a ti". Así lo dice la Biblia en el Evangelio de San Mateo (7:12) y este mensaje es tan significativo hoy como lo ha sido siempre. Claro que el mensaje es para todos, ¡pero también es la regla de conducta perfecta para el liderazgo!

Lamentablemente, hoy muchos creen que la Regla de Oro es una frase gastada, pero aún sigue siendo la mejor clave para el liderazgo. En Mary Kay Inc. la tomamos muy en serio. Cada decisión de liderazgo se basa en la Regla de Oro.

Seguir la Regla de Oro puede llevarte al éxito

Cuando por primera vez me senté a escribir un libro sobre la manera en que debe funcionar una compañía, quería proporcionar una guía para líderes que sirviera como modelo para trabajar con la *gente*. Como madre y abuela, mi instinto maternal me llevaba a querer para mis asociados lo mismo que cada madre desea para sus hijos: su bienestar.

Había pasado muchos años trabajando para otra persona, así que sabía por experiencia propia lo que es rendirle cuentas a alguien más.

Al comenzar mi propio negocio, estaba decidida a implementar un estilo de liderazgo que generara entusiasmo. Juré que mi empresa nunca repetiría los errores que había presenciado en las compañías en las que había trabajado. Trataría a la gente con respeto; siempre pensaría: "Si yo fuera esta persona, ¿cómo me gustaría que me trataran?" Hasta el día de hoy, cuando busco la forma de resolver un problema donde hay personas involucradas, me hago esta pregunta. De esta manera, icluso el problema más difícil pronto se resuelve.

Muchas de las experiencias desagradables en mi carrera anterior me enseñaron las reglas para tratar con la gente. Recuerdo que una vez pasé diez días en un viaje de ida y vuelta de Texas a Massachussets con otros cincuenta y siete vendedores en un peregrinaje que sería nuestra recompensa por ser líderes en ventas. Fue un viaje horrendo en el que el autobús se descompuso varias veces, pero estábamos dispuestos a soportarlo con tal de llegar a disfrutar del gran premio al final del camino: conocer al presidente de la organización como invitados en su casa.

En lugar de ello, nos llevaron en un recorrido por la planta manufacturera. Claro que una planta manufacturera puede ser un lugar muy interesante y agradable para trabajar; la nuestra lo es. Pero yo estaba allí para conocer al presidente. Cuando por fin nos invitaron a la casa del presidente, sólo nos permitieron caminar por su jardín de rosas y ni siquiera tuvimos la oportunidad de conocerlo en persona. ¡Qué decepción! No hace falta decir que el viaje de regreso a Texas fue muy largo y silencioso para cada una de estas cincuenta y ocho personas, entre ellas, yo.

En otra ocasión, asistí a un seminario de ventas de todo un día y estaba ansiosa de estrechar la mano de nuestro gerente de ventas, quien había dado un inspirador discurso. Después de esperar en la fila durante tres horas, finalmente llegó mi turno de conocerlo. Él ni siquiera me miró. En vez de mirarme a mí, observaba por encima de mi hombro para ver qué tan larga estaba la fila. Ni siquiera se percató de que estaba estrechando mi mano, y, aunque sé lo cansado que debió haber estado, ¡yo también me la pasé allí tres horas y también estaba cansada! Estaba dolida y ofendida porque me había tratado como si no existiera. En ese instante decidí que, si algún día me convertía en alguien por quien la gente tuviese que esperar en fila para estrechar su mano, le daría toda mi atención a la persona enfrente de mí, ¡sin importar lo grande de mi cansancio!

He sido muy afortunada, Mary Kay se ha convertido en una compañía muy grande y muchas veces he estado al principio de una larga fila de recepción durante varias horas para estrechar la mano de cientos de personas. Pero no importa lo cansada que esté, siempre me esfuerzo por recordar el rechazo que sentí esperando en esa larga fila para estrechar la mano de ese indiferente gerente de ventas. Con eso en mente, siempre miro a cada persona fijamente a los ojos y, de ser posible, trato de decirle algo personal. Quizá sea sólo un comentario como: "Me encanta tu cabello" o "Qué bonito vestido", pero le doy a cada persona toda mi atención y no permito que nada me distraiga. Cada individuo a quien le estrecho la mano es para mí la persona más importante del mundo en ese momento.

Cada mes, un grupo de directoras de ventas independientes viene a Dallas a visitar la empresa como parte de un programa educativo. Aunque hasta 400 mujeres han asistido a estas sesiones de capacitación al mismo tiempo, siempre paso una parte del día en clase con ellas. Durante su visita, las invito a todas a que vengan a mi casa a tomar té y comer galletas que yo misma horneo. Una y otra vez me dicen: "Mary Kay, nunca antes había comido una galleta horneada por un directivo del consejo". Lo que sucede es que nunca olvidé aquella ocasión en que no nos invitaron a entrar a la casa del presidente, así que yo hago que nuestra gente se sienta a gusto en la mía. Obviamente, es importante para ellas ver cómo vivo, ya que siempre afirman que la visita a mi casa fue lo mejor de su viaje. Disfruto muchísimo de su compañía y espero ansiosamente cada visita. Estas mujeres son muy queridas para mí.

Las nuevas directoras de ventas independientes siguen visitando
nuestra sede en Dallas para una semana de educación y motivación. Tienen el gusto de conocer a mujeres que están dando
ese paso fundamental al mismo tiempo que ellas, tomándose fotos
conmemorativas con ejecutivos de la compañía y turnándose
para posar y tomarse una foto en una réplica de la tina rosada de
Mary Kay, la cual por muchos años ha sido símbolo de buena
suerte, desde los días en que las directoras de ventas hacían fila
para tomarse la foto en casa de Mary Kay. Se sirven galletas pre-
paradas con la receta original de Mary Kay. Las asistentes reciben
motivación especial de las integrantes del cuerpo de ventas más
destacadas.

En ocasiones, los líderes que se encuentran en la cima de la escalera
corporativa olvidan el maltrato que tuvieron que sufrir antes de llegar
ahí o, lo que es peor, tratan de vengarse: "Mi jefe nunca escuchaba mis
problemas personales, así que no me molestes con los tuyos." O bien:
"Mi jefe me causó una úlcera; ¡así que ahora es mi turno de causarle
una úlcera a otra persona!" Este tipo de actitud sólo perpetúa las malas
acciones de otra gente.

Podría contarles muchas historias acerca de algunas de mis experiencias pasadas. Sin embargo, para mi sorpresa, cuando me tomo el tiempo
de repasar incidente tras incidente, esos gerentes no eran tan insensibles
y desconsiderados como parecían de primera impresión. En general, era
gente decente y capaz que creía de todo corazón que hacía un buen
trabajo. Sus defectos se debían a una falta de empatía hacia sus asociados. No se hacían esa pregunta tan importante: *"¿Qué haría si fuera yo la
otra persona?"*

En el cuerpo de ventas Mary Kay independiente, un individuo
puede desarrollarse y progresar sin tener que "subir" los peldaños de la

escalera corporativa tradicional. Miles de consultoras de belleza operan negocios de ventas independientes al menudeo tratando directamente con sus clientas. Cada consultora de belleza independiente define sus propias metas, su productividad y sus recompensas. Una expresión de esta responsabilidad es el papel de directora de ventas independiente. Esta persona desarrolla un equipo, educa y guía a otras consultoras de belleza.

El programa de consultoras adoptivas

Una de las primeras cosas que quería eliminar de la compañía de mis sueños eran los territorios asignados. Anteriormente, había trabajado para varias organizaciones de ventas directas y sabía el trato tan injusto que había recibido cuando me mudé de Houston a St. Louis debido al nuevo trabajo de mi esposo. Ganaba una comisión de 1,000 dólares mensuales de la unidad de ventas en Houston, la cual había desarrollado durante ocho años y lo perdí todo al mudarme. Pensaba que no era justo que otra persona heredara esos vendedores de Houston, a quienes desarrollé y eduqué con tanto esfuerzo.

Dado que no tenemos territorios en Mary Kay, una directora de ventas independiente que vive en Chicago puede estar de vacaciones en Florida o de visita con una amiga en Pittsburgh y obtener una nueva integrante de equipo durante su estadía. No importa dónde viva en Estados Unidos; siempre ganará una comisión de la empresa por las ventas al menudeo de esa consultora de belleza independiente. Una directora de ventas independiente en Pittsburgh se hará cargo de y educará a la nueva consultora de belleza independiente de la directora de ventas visitante. La nueva consultora de belleza asistirá a las reuniones de unidad en Pittsburgh y participará de los concursos de ventas locales. Aunque la directora de ventas de Pittsburgh dedicará mucho tiempo y esfuerzo a la nueva consultora de belleza independiente, se le pagarán las comisiones a la directora de ventas de Chicago. Esto es lo que llamamos nuestro programa de "consultoras adoptivas".

Hoy tenemos miles de directoras de ventas y la mayoría de ellas edu-
can y motivan a gente en su unidad que vive fuera de los estados donde
residen. Algunas tienen consultoras de belleza en una docena de estados
o más. Las personas ajenas a nuestra compañía nos miran y dicen: "¡No
es posible que el programa de consultoras adoptivas funcione!" Pero
sí lo hace. Cada directora de ventas disfruta de los beneficios de tener
integrantes de unidad en otras ciudades y, a cambio, ayuda a las integrantes de otras unidades.

Hay gente de otras compañías que pregunta: "Pero, ¿por qué alguien
debe trabajar para desarrollar una adoptiva sin nunca recibir una comisión por sus ventas?" "¿Por qué debo trabajar *yo* para que *tu* integrante
de equipo avance por la escalera del éxito y *tú* recibas todas las comisiones? ¿Qué gano yo?", dicen. Sin embargo, en Mary Kay, muchas
directoras de ventas que tienen hasta 100 adoptivas no piensan de esa
manera. En vez de ello, piensan: "Yo las estoy ayudando, pero alguien
más ayuda a *mis* integrantes de unidad en otra ciudad". El sistema funciona y, que yo sepa, ninguna otra organización tiene un sistema como
el nuestro. Pero es un sistema que se debe implementar desde el principio. No creo que un programa de adoptivas funcionara si una empresa
intentara implementarlo años después de su fundación.

Cuando comenzamos nuestro programa de adoptivas, la opinión
general era que no funcionaría, pero yo *sabía* que sí resultaría, pues se
basa en la Regla de Oro. En Mary Kay le llamamos a veces el espíritu
de entrega o *Go-Give Spirit*®. Es una filosofía basada en *dar* y se aplica a
cada aspecto de nuestro negocio.

Dar más de lo que esperas recibir a cambio; de eso se trata el
espíritu de entrega. Cada mes, las integrantes del cuerpo de
ventas independiente eligen a una compañera que encarna este
espíritu de entrega para recibir el *Premio a la Entrega*™ mensual.
A su vez, de este grupo se elige a una para recibir el *Premio a la*

Entrega™ anual. Dado que este premio era tan importante para la propia Mary Kay, el *Premio a la Entrega*™ anual se considera el honor más importante de todos los reconocimientos otorgados al cuerpo de ventas independiente y es atesorado por quienes lo han ganado alrededor del mundo.

Aunque sé que nuestro programa de consultoras adoptivas no aplica a cada negocio, sí sirve para cualquier líder que desee implementar una filosofía de "ayuda al prójimo". Las buenas líderes nunca deben tener un símbolo de dólar en los ojos o ver la venta meramente en términos de las ganancias. Una actitud como la nuestra debe prevalecer en toda la organización desde los ejecutivos de más alto nivel hasta el consumidor. Cuando todos están motivados a servir a los demás, todos se benefician.

Cuando se trata de nuestro enfoque en las ventas no nos gusta que una consultora de belleza piense: "¿Cuánto puedo venderle a estas mujeres?" En lugar de esto, damos énfasis a: "¿Cómo puedo lograr que estas mujeres se vayan de aquí hoy con una mejor autoestima? ¿Cómo puedo ayudarles a tener una mejor imagen personal?" Consideramos que si una mujer se siente atractiva por fuera, se sentirá atractiva también por dentro.

Sé lo que es pasarse el día entero en la calle y llegar a casa sin un solo pedido. Y entiendo cómo se siente la directora de ventas cuando han transcurrido semanas capacitando a una nueva integrante de unidad con amor y cuidado para que esa persona se rinda antes de siquiera comenzar. A lo largo del camino, he tenido muchas desilusiones en el negocio. De hecho, luego de 45 años en las ventas directas, he tenido la mayoría de los problemas que cualquiera pueda imaginar. Aunque algunos gerentes tratan de olvidar los conflictos que enfrentaron al principio de su carrera, yo hago un esfuerzo a conciencia por recordar las dificultades que he tenido a lo largo del camino. Creo que es vital para una líder sentir empatía por los problemas de la otra persona ¡y la mejor forma de entenderlos claramente es haberlos vivido en carne propia!

En Mary Kay, las consultoras de belleza reciben dirección y liderazgo de las directoras de ventas. Cada mujer entra a nuestro negocio como consultora de belleza, así que cuando se convierte en directora de ventas está muy familiarizada con las dificultades y situaciones adversas que existen en este campo. Como parte de nuestro programa educativo, enseñamos a las directoras de ventas a preguntarse: "Si ella estuviese en mi posición y yo en la de ella, ¿cómo resolvería este problema?" Con este "punto de vista dual", las buenas líderes manejarán con mucho más éxito los problemas que quienes insisten en ver las cosas sólo desde el punto de vista del supervisor.

Ser justo con los demás

Resolver problemas gerenciales aplicando la Regla de Oro entraña ser justo con los demás y tratarlos según sus méritos, no utilizarlos sólo para propósitos egoístas. Para algunos, esto parece estar en contra de la finalidad de la compañía de obtener ganancias. Sin embargo, pienso que ambas cosas pueden estar en armonía. Por ejemplo, una persona puede pedir un aumento de salario excesivo que no le da a la empresa una ganancia justa por los servicios prestados. Un empleado podría suplicar: "Mi esposa perdió su trabajo y tenemos dos hijos en la universidad. Necesito un aumento". Una buena líder puede ser compasiva, pero no siempre puede satisfacer las necesidades y los deseos de un empleado, incluso los más justificados. Para poder balancear sus responsabilidades con la organización, con el empleado y con todos los demás trabajadores, cada líder debe tener la capacidad de decir que no.

Entiendo que ello puede ser desagradable, pero en lugar de enfrentar el trabajo como una tarea que se tiene que tolerar, trato de convertirlo en una situación positiva. Quiero que el empleado convierta un "no" en la motivación para lograr algo más. Consigo esto con cuatro pasos sencillos:

1. Es imperativo que cada empleado tenga la confianza de que no se tomarán decisiones arbitrariamente. Por eso, lo primero que hago es escuchar la pregunta y luego reformularla. Esto les asegura a los empleados que de verdad entiendo la magnitud del problema.

2. Claramente, enumero las razones lógicas por las cuales no puedo acceder a su petición.

3. Hago una declaración negativa directa. Esto es muy importante si deseas desarrollar confianza y respeto entre la gente. No es justo esperar que la otra persona infiera o adivine tus verdaderas intenciones.

4. Y finalmente, trato de sugerir cómo el empleado puede lograr su meta a través de otro camino. Por ejemplo, a este trabajador hipotético quizá le diría: "Bill, siento mucho la desgracia de tu esposa. Pero, es posible que ahora esté en el umbral de una nueva carrera. Esta puede ser tu oportunidad para ayudarle a descubrir sus verdaderos talentos. Dios no tuvo tiempo de crear a un don nadie; todos tenemos capacidad para la grandeza. ¿Por qué no te sientas con ella esta noche y hablan sobre lo que verdaderamente le gustaría lograr ahora?"

Una buena líder enfrentará problemas de este tipo con sensibilidad y buscará las mejores soluciones. No obstante las soluciones no pueden poner en riesgo su responsabilidad con su compañía o con otras personas dentro de la organización. Igual que un padre amoroso que escucha a su hijo, pero no siempre le permite hacer lo que quiera, una líder se esfuerza por escuchar a todos y dar recompensas apropiadas. Poner en práctica la Regla de Oro no implica que la compañía sea una institución sin fines de lucro a tiempo parcial. Tampoco se debe suponer que nunca se puede despedir a un empleado o prescindir de sus servicios temporalmente. A veces, una líder debe realizar tareas desagradables que están en el mejor interés de la empresa, mas esto puede desilusionar o herir a un subordinado. En estos casos, la líder debe tener el mayor cuidado y compasión posibles; incluso existe una manera correcta de despedir a un empleado siguiendo la Regla de Oro.

Sé lo que significa vivir con miedo constante a un despido. Una vez trabajé con docenas de mujeres en una oficina abierta muy grande. En este espacio había muchas filas de escritorios uno tras otro, uno al lado del otro. Era un caos tratar de trabajar mientras alguien a un lado hablaba por teléfono y otra persona al otro lado llamaba a alguien que se encontraba en el otro extremo de la habitación. Un reloj blanco y negro gigante colgaba sobre la oficina privada del gerente y todos los días, a eso de las 3:30 p.m., todo ese ajetreo se detenía abruptamente. El temor se apoderaba de la habitación. Habitualmente, a las 4 p.m. en punto, el "señor X" despedía a un empleado. Durante esa última media hora, nos sentábamos a esperar horrorizados a ver a quién le llegaba su hora. Si de repente llamaban a alguien cerca de esa hora fallida, aguantábamos la respiración hasta que regresaba y continuaba con su labor. Con frecuencia, una empleada regresaba llorando y comenzaba a limpiar su escritorio. El método del señor X era despedir a alguien enojado (usualmente en medio de muchos gritos), darle una hora para limpiar su escritorio y suponer que ella nunca volvería más por allí.

Cuando encuentro un empleado que no está en el puesto correcto, sigo un procedimiento muy distinto. Mi primer paso es aconsejar a la persona y decirle formas específicas en que podría mejorar. Le hago sugerencias y fijo un plazo razonable para que pueda tener éxito inmediato. Sin embargo, si estos esfuerzos fracasan, debo pensar en qué sería lo mejor para el empleado y la compañía. En mi experiencia, cuando un trabajador falla, es él o ella quien peor se siente por esta situación.

Por ejemplo, si tuviera un empleado de relaciones públicas que sencillamente no puede hablar delante de un público numeroso, una persona a quien le falta la energía personal necesaria para inspirar a otros, abordaría el problema con la Regla de Oro. ¿Cómo me sentiría si fuera este empleado? Entonces, quizá le diría: "Juanita, llevas con nosotros más de dos años y, cada vez que te veo en una presentación, sé que no estás cómoda. Te he visto sufrir en todo este proceso como si fuera un suplicio. Quisiera con todo mi corazón que las cosas no fueran así, pero considero que éste no es el mejor lugar para ti. Nos importa tu bienestar y queremos que tengas éxito. ¿Hay algún otro puesto que te gustaría probar?" Si no hay otro reto para ella dentro de nuestra compañía, participaríamos activamente en ayudarla a encontrar otro puesto en una organización que pueda aprovechar mejor sus talentos. No descartaría a una empleada como si fuera un periódico de ayer. Claro que hay gerentes que están en desacuerdo. Igual que el señor X, afirman que una vez que se despide a alguien, esta persona debe "hacer sus maletas y marcharse". Pero incluso en los casos extraños en que puedan aprovecharse de la situación, prefiero errar en favor de la gente y no en favor de un punto de vista tan estricto en los negocios.

Es necesario recordar que tanto el bienestar de la compañía como su supervivencia dependen de su rentabilidad y, aunque muchas corporaciones ciertamente son muy filantrópicas, el apoyo que brindan a causas cívicas y benéficas depende de manera directa de su capacidad para operar con eficacia.

Nosotros no sólo hablamos de la Regla de Oro, esperamos que todos la pongan en práctica.

Como pilar de nuestra cultura, continuamos teniendo la Regla de Oro como guía diaria para las interacciones de negocios con los demás empleados y los miembros del cuerpo de ventas independiente. Las acciones y decisiones de cada individuo se basan en esta filosofía intemporal. La Regla de Oro se ha convertido en el *mantra* de la compañía para el servicio personalizado al cliente que esperamos brindar rutinariamente y continúa definiendo no sólo nuestra cultura, sino nuestro compromiso con la excelencia en la altamente competitiva industria de los cosméticos.

Hace muchos años, un motivador nos habló de otra compañía que también ponía en práctica una filosofía fundada en la Regla de Oro. Describió unas canicas sobre las cuales se había grabado la Regla de Oro. Esto nos llamó mucho la atención porque se trataba de una representación física de nuestro credo. Una de nuestras directoras de ventas fue al teléfono y llamó para indagar acerca de las canicas de la Regla de Oro. Cuando regresó al grupo, no podía creer lo que había escuchado: "Mary Kay, no vas a creer esto: ¡la persona que tuvo esta idea es una consultora de belleza Mary Kay independiente!"

Con los años, hemos regalado miles de esas canicas. Cuando las entrego, comento: "No puedo prometerte un lecho de rosas sin espinas. Los problemas cotidianos tocarán a tu puerta y, cuando te enfrentes a estos momentos cruciales, quiero que tomes la canica de la Regla de Oro y te preguntes: '¿Cómo puedo resolver esto poniendo en práctica la Regla de Oro? ¿Qué haría Mary Kay si estuviera aquí?' "

Aunque muchos creen que no hay lugar para la Regla de Oro en el mundo de los negocios, en Mary Kay es parte fundamental de nuestro negocio. Además, no pienso que exista otra manera de lograr un liderazgo eficaz.

Las directoras nacionales de ventas independientes hablan hoy sobre los principios Mary Kay

"Esta Regla de Oro y las prioridades correctas no son usuales en el campo de los negocios del mundo moderno; mas, en mi opinión, estos principios son esenciales para desarrollar un negocio Mary Kay exitoso —afirma **Nadezhda Silchenko** de Kazajstán—. Son más que principios de conducta ética. Es un proceso para difundir buena voluntad a tu alrededor".

Angie Stoker ha sido la número uno en Canadá por más de cinco años. "He notado que cuando pones en práctica la Regla de Oro con tus asociados de negocios, no puedes evitar que se desarrollen. ¿No es eso lo que esperarías si el mundo te trata de la manera en que prefieres que te trate? Me encanta poder contribuir con el desarrollo de la gente y ayudarles a alcanzar sus sueños. Su éxito motiva a más gente".

Emily McLaughlin de Estados Unidos siempre ha destacado la fuerte cultura de aprendizaje en Mary Kay. "En el mundo de hoy donde la comunicación es instantánea, es importante enseñar a la gente a ser paciente, comprensiva y a tener compasión por los demás. De eso se trata verdaderamente la Regla de Oro. Obrar de esta manera crea un ambiente seguro para el crecimiento. Cuando una persona tiene fe en que siempre se le valorará como merece, se desarrolla la confianza dentro de la organización".

"Aprender la Regla de Oro influyó no sólo en mi estilo de liderazgo, sino en todo mi estilo de vida", nos advierte **Larisa Margishvili**, la primera persona en Ucrania en alcanzar el estatus de directora nacional de ventas independiente. Además, ganó el uso del primer Mercedes rosado.

Maureen Ledda de Estados Unidos opina que la cultura que se ha desarrollado alrededor del sistema de consultoras adoptivas único es "una de las razones por las que tenemos lazos de hermandad en todo el país".

2 El activo más valioso es la gente

Ningún viaje a la sede de Mary Kay Inc. en Dallas está completo sin una visita al excepcional Museo Mary Kay ubicado en el primer piso. No sólo es un encantador recorrido por la historia de la compañía, es un viaje a través de décadas de tendencias en la moda y la belleza. Una galería importante en el museo muestra fotos maravillosas de las directoras nacionales de ventas independientes; 500 mujeres alrededor del mundo que son líderes dentro del cuerpo de ventas independiente. Su prominencia en este museo es testimonio del trascendente papel que desempeñan estas líderes en el éxito de la empresa. Bien lo declaró Mary Kay: "Queremos que nuestro mensaje sea: 'Somos una compañía para la gente'".

Una compañía es tan buena como su gente

Para poder crecer y progresar en el cuerpo de ventas, no tienes que escalar; tienes que expandir. Esto le brinda al cuerpo de ventas independiente un profundo sentido de valía personal. Saben que no están compitiendo unas con otras. Por lo tanto, las contribuciones de cada individuo tienen el mismo valor y, cuando alguien, no importa quien, propone una idea nueva, la analizamos, la mejoramos y, finalmente, la apoyamos con el entusiasmo de un equipo.

De hecho, en una compañía el activo más valioso es la gente. Muchas empresas dirían que sus estados financieros contienen sus activos más importantes. En Mary Kay, consideramos que las personas que integran nuestro cuerpo de ventas independiente y nuestras oficinas corporativas son nuestro activo principal. Muchos ejecutivos de empresa se jactan ante los analistas financieros de sus líneas de productos, sus nuevos edificios multipisos y sus instalaciones de manufactura con lo último en tecnología, sin mencionar jamás a la gente en su organización. Aunque los activos de capital son esenciales para el crecimiento, un negocio es su *gente*. Cuando nos reunimos con nuestros analistas, la gente maravillosa que está asociada con nuestra compañía es un tema primordial de nuestra conversación.

Si observas cualquier empresa sobresaliente, descubrirás que su *gente* es la razón de su éxito. Los negocios destacados cuentan con gente destacada. Si tienes dudas, sólo tienes que ver la larga lista de fracasos que surgieron cuando, al comprar una compañía, los compradores reemplazaron la gerencia existente con sus propios ejecutivos o cuando los compradores incurrieron en malas prácticas gerenciales que forzaron a los empleados con experiencia a irse por voluntad propia.

Recuerdo un gran conglomerado de empresas que compró una próspera cadena de restaurantes de comida rápida, despidió a la gerencia y la reemplazó con su personal. Al cabo de 18 meses, este negocio tan lucrativo ¡estaba operando en números rojos! La compañía compradora no pudo darse cuenta de que no estaban adquiriendo cientos de restaurantes y equipo. El activo más valioso que compraron era el equipo gerencial que administraba la cadena. Sin él, esta compra pronto se convirtió en una responsabilidad económica muy grande. Docenas de corporaciones han cometido errores similares.

Una organización se desarrolla con gente. Si no cuentas con la gente, la capacidad de la compañía para funcionar está en seria amenaza. Hoy en día, es más común que las empresas compradoras insistan en que los gerentes anteriores se queden en la compañía por un periodo determinado y, con frecuencia, se utilizan generosos incentivos para inducir a estos gerentes experimentados a continuar generando ventas y ganancias. Como decimos en Texas: "No hay que arreglar lo que no se ha roto".

En 1963, aún no tenía experiencia en la industria de los cosméticos. Mi talento era reclutar y capacitar vendedores. Luego de comprar las fórmulas para los productos del cuidado de la piel, lo primero que hice fue buscar al fabricante de cosméticos de mayor prestigio que pude encontrar. Específicamente, quería una compañía que no sólo fabricara productos de calidad, sino que siguiera al pie de la letra los requisitos de los reglamentos de la Administración de Medicamentos y Alimentos de Estados Unidos (FDA, por sus siglas en inglés). Sabía que sería un error fatal tratar de tomar atajos. Con las personas correctas a cargo, no tendríamos por qué preocuparnos por ese aspecto del negocio.

Cuando mi hijo Richard empezó a trabajar conmigo, era un joven prácticamente sin experiencia. Sin embargo, era muy inteligente y se dio cuenta de que cuando era necesario efectuar un trabajo que no-sotros no podíamos realizar, podíamos contratar a un experto que lo hiciera. En cada etapa de nuestro crecimiento, buscábamos personas cuyas destrezas nos fortalecieran aún más. Desarrollamos nuestra com-pañía una persona a la vez. No sólo hallamos el mejor fabricante de cosméticos, también encontramos personas en las áreas de contabili-dad, derecho, distribución y otras especialidades, y aunque el mercadeo siempre había sido uno de mis talentos, cuando fue necesario, reconocí la necesidad de traer personas con talentos adicionales en esta área.

A medida que crecimos, pudimos atraer la mejor gente para que se uniera a nuestro personal de tiempo completo y siempre estuvimos dispuestos a pagar un alto precio por el mejor talento. Cuando se trata de contratar gente, lo que le pagas a los empleados determinará lo que la empresa recibe. Asimismo, hemos sido muy competitivos en nuestro plan de reparto de utilidades y otras prestaciones que ofrecemos en la actualidad. Al pagarle generosamente a nuestro personal, hemos desarrollado un equipo de empleados trabajadores y eficientes.

Con más de 4,500 empleados alrededor del mundo, Mary Kay Inc. y sus subsidiarias continúan ofreciendo un lugar donde es posible que la gente ame su trabajo. Motivo de gran orgullo es el impresionante porcentaje de permanencia en el empleo, más de 45 por ciento de los empleados en Estados Unidos tienen por lo menos 10 años de servicio. Desde reconocimientos a los empleados hasta programas de mentores, la cultura Mary Kay brinda un espíritu de estímulo y apoyo positivo que emana de nuestra fundadora. Por ejemplo, la creencia de Mary Kay Ash de establecer un equilibrio en tus prioridades es uno de los valores que genera una gran lealtad en una fuerza laboral diversa.

Vale la pena retener a las personas talentosas

Es evidente que atraer personas talentosas pagándoles bien es una cosa y otra, totalmente distinta, es capacitarlos y mantenerlos en la compañía. En Mary Kay, tratamos con mucho amor a cada persona que entra a trabajar a nuestra empresa. Si pasamos seis meses capacitando a una persona, sólo para que luego se vaya, creemos que hemos perdido tiempo y dinero. Así que, una vez que una persona viene a trabajar con nosotros, hacemos todo lo posible por retenerla. Si, por ejemplo, las cosas no van bien en un área, haremos todo lo posible por encontrarle otro lugar. Por ejemplo, parecía que uno de los miembros de mi equipo personal sencillamente no era la persona correcta para la tarea que se le había asignado. Era una persona muy meticulosa y llevaba cuatro meses en la organización. A ella le gustaba trabajar con nosotros y a nosotros con ella. Después de invertir tanto dinero y tiempo en ella, hubiese sido una pena perderla (por su bien y por el nuestro). Sabíamos que tenía que haber un puesto para el cual ella sería perfecta, sólo, era cuestión de que hiciéramos un esfuerzo por encontrarlo. Luego de reunirnos con ella y formularle muchas preguntas, la transferimos a nuestro departamento de contabilidad, donde realizó una excelente labor. Siempre es difícil encontrar gente eficaz, así que, cuando hallas a alguien, es indispensable hacer todos los esfuerzos posibles por retenerlo.

Como indicó una vez Alfred Sloan, quien fuera uno de los grandes jefes ejecutivos de la junta directiva de General Motors: "Llévense mis activos y déjenme mi organización. En cinco años, volveré a recuperarlo todo nuevamente".

Las directoras nacionales de ventas independientes hablan hoy sobre los principios Mary Kay

Cuando dejó su carrera de enfermera para ahorrar dinero para la educación universitaria de sus cuatro hijos, **Arlene Lenarz** no tenía idea de que se convertiría en una de las directoras nacionales de ventas independientes con mayores ganancias en Estados Unidos y que sobrepasaría 12 millones de dólares en comisiones durante su carrera. "No usamos a la gente para desarrollar nuestro negocio, usamos nuestro negocio para desarrollar a la gente. Si miras cualquier negocio exitoso, es la gente la que lo convierte en un negocio exitoso y lo mantiene así".

Tras convertirse en líder dentro del cuerpo de ventas independiente en la primera subsidiaria internacional de Mary Kay, **Lee Cassidy** de Australia considera que el secreto Mary Kay es sencillo: "Sólo tienes que determinar qué es lo que la gente desea lograr y luego, hacer todo lo que te sea posible para ayudarle a conseguirlo".

"Pronto aprendí de Mary Kay Ash que debo hacer a un lado mi carrera para poder ayudar a otras personas a alcanzar el éxito. Así que, rápidamente, me concentré en desarrollar a aquellos que podían avanzar", afirma **Anne Newbury** de Estados Unidos, quien fue pionera Mary Kay en el área de Nueva Inglaterra, así como en México, Canadá y Brasil, y rompió la marca de ingresos en el camino.

"Ésta es la forma más poderosa de desarrollo —dice **Christina Boyd**, quien ha perseverado en Filipinas, donde hay siete mil islas y más de cien dialectos—. Mi vocación es ayudar a que la gente se dé cuenta del poder insuperable que hay dentro de cada uno de nosotros. Cuando le mostramos a las personas cómo hacer uso de este poder, entonces somos capaces de lograr lo imposible".

3 El letrero invisible

¡Cada persona es especial! Creo en esto de todo corazón. Cada uno de nosotros quiere tenerse en alta estima, pero para mí es igual de importante hacer que los demás se sientan así. Cada vez que conozco a una persona, trato de imaginarla llevando un letrero invisible que dice: ¡HAZME SENTIR IMPORTANTE! Respondo inmediatamente a este letrero y funciona a las mil maravillas.

Sin embargo, algunas personas están tan centradas en sí mismas que no se dan cuenta de que también la otra persona desea sentirse importante.

Ya les he comentado cómo una vez esperé en una larga fila de recepción para estrechar la mano del gerente de ventas de la compañía, sólo para que me tratara como si no existiera. Estoy segura de que él no recuerda el incidente; de hecho, probablemente nunca se dio cuenta de cuánto me había ofendido, pero después de todos estos años, todavía lo recuerdo. Así que es obvio que el incidente causó un gran efecto en mí. Ese día aprendí una importante lección sobre la gente que nunca he olvidado: *¡No importa cuán ocupado estés, debes tomarte el tiempo para hacer que la otra persona se sienta importante!*

Hace muchos años, quería comprarme un auto nuevo. Fue en la época en que salieron al mercado los autos de dos tonos y estaba empeñada en comprarme un Ford blanco y negro. Como nunca me ha gustado comprar lo que no puedo pagar, había ahorrado suficiente dinero para adquirirlo al contado. Me iba a comprar el auto como regalo de cumpleaños. Con el dinero en mi bolsa, me fui a la sala de exhibición de un concesionario Ford.

Obviamente, el vendedor no me tomó en serio. Me había visto llegar en mi viejo auto y supuso que no tenía dinero para comprar uno nuevo. En esos días, las mujeres no podían conseguir crédito tan fácilmente como los hombres, así que muy pocas nos comprábamos autos. No éramos lo que los vendedores llaman un "buen candidato". El representante de Ford apenas quiso hablar conmigo. Si estaba tratando de hacerme sentir insignificante, no lo pudo haber hecho mejor. A mediodía, el hombre se excusó diciendo que se había retrasado para una cita a la hora de comer. Yo estaba encaprichada con el auto, así que pedí ver al gerente de ventas, pero él había salido y no regresaría hasta la 1 p.m., así que decidí caminar un poco para matar el tiempo.

Al cruzar la calle, entré a la sala de exhibición del concesionario Mercury. Sólo quería dar un vistazo porque todavía tenía intenciones de comprar el Ford blanco y negro. Tenían un modelo amarillo en exhibición y, aunque me gustaba mucho, el precio era más de lo que pensaba gastar. Sin embargo, el vendedor fue tan cortés y me hizo sentir como si de verdad le importara. Cuando se enteró de que era mi cumpleaños, se excusó y regresó unos minutos más tarde. Quince minutos después, una secretaria le trajo una docena de rosas, las cuales me regaló por mi cumpleaños. ¡Me sentí sensacional! No hace falta decir que compré un Mercury amarillo en lugar de un Ford blanco y negro.

Ese vendedor logró la venta porque me hizo sentir importante. Para él no importaba que fuera una mujer al volante de un auto viejo. Yo era un ser humano y, ante sus ojos, eso significaba que era alguien especial. Él había visto el letrero invisible. Cada líder debe entender que Dios ha sembrado la semilla de la grandeza en cada ser humano. Cada uno de nosotros es importante ¡y la buena líder puede hacer germinar esta semilla! ¡Es lamentable que la mayoría de nosotros dejamos este mundo sin dar lo mejor de nosotros mismos! Se ha dicho que utilizamos sólo 10 por ciento de las habilidades que Dios nos ha dado y nunca usamos el 90 por ciento restante. Miren a Abuela Moses, quien comenzó a pintar a la edad de 75 años. Llegó a convertirse en una artista reconocida alrededor del mundo y, ciertamente, debió haber tenido su talento desde muy joven. ¿No creen que hubiese sido una pena que Abuela Moses no se percatara de las habilidades artísticas que Dios le dio?

Haz que la gente se sienta importante, todo el mundo lo es

Considero que cada persona tiene la capacidad de lograr algo importante y, con eso en mente, opino que todo el mundo es especial. Un gerente debe sentir lo mismo por la gente, pero esta actitud no puede ser fingida. Debes estar totalmente convencida de que cada ser humano es importante.

Ésta es una lección básica, una que probablemente has escuchado muchas veces en el pasado, pero te la recuerdo porque muchas veces muchos hombres y mujeres de negocios se enfocan tanto en su trabajo que se olvidan de ella. "Los negocios son los negocios, Mary Kay —me advierten—. No tienes que tratar a los empleados así. Mis trabajadores no deben esperar que yo los haga sentir importantes. No me pagan para eso".

Pero están equivocados. Hacer que la gente se sienta importante es exactamente para lo que les pagan porque hacerlos sentir así los motiva a hacer un mejor trabajo. John D. Rockefeller aseveró: "Pagaré más por la habilidad para tratar con la gente que por cualquier otra cosa en el mundo". Una moral alta es un factor significativo para aumentar la productividad, lo cual quiere decir que una líder debe esforzarse continuamente por fortalecer la autoestima de cada individuo en su organización.

Por lo general, mi experiencia con la gente es que *¡hace lo que esperas que haga!* Si esperas que la gente tenga un buen desempeño, así será. Por el contrario, si esperas que tenga un pobre desempeño, probablemente te complacerá. Creo que los empleados promedio que se esfuerzan por alcanzar las expectativas altas que tú has fijado para ellos hacen mejor el trabajo que los empleados sobresalientes con autoestima baja. Motiva a tu gente a que use ese 90 por ciento de sus habilidades que nunca había empleado ¡y su nivel de desempeño subirá vertiginosamente!

¿Cómo es que una líder hace sentir importante a la gente? Lo primero es *escuchar*. Hacerle saber que respetas su forma de pensar y dejar que exprese su opinión. Podrías tener la recompensa adicional de aprender algo. Un amigo una vez me contó lo que un ejecutivo a cargo de una gran empresa de ventas al menudeo le dijo a uno de los gerentes de sucursal: "Usted no puede decirme nada en lo cual yo no haya pensado antes. Nunca me diga lo que piensa a menos que yo le pregunte. ¿Entendido?" Imaginen la pérdida de autoestima que debió haber sentido ese gerente de sucursal. Es muy probable que haya quedado totalmente desanimado y su desempeño debe haberse visto afectado de manera negativa. Cuando la autoestima de un individuo sufre, su nivel de energía disminuye. Por otro lado, cuando logras que una persona tenga un gran sentido de importancia, él o ella se sentirá de lo mejor y su nivel de energía subirá por las nubes.

La responsabilidad sin autoridad puede ser destructiva

Asimismo, la gente se siente importante cuando se les da responsabilidad. Pero la responsabilidad sin autoridad también puede destruir la autoestima de una persona. ¿Alguna vez has notado la reacción de una niña cuando sabe por primera vez que tendrá la responsabilidad de cuidar de su hermano menor? Se emociona porque se le ha reconocido como adulto, pero, si se le ha dado la responsabilidad de velar por él, también se le debe dar la autoridad para mandarlo a la cama temprano si no se porta bien. Ese ejecutivo de ventas al menudeo no sólo no escuchó a su gerente de sucursal: lo privó de toda autoridad para tomar decisiones. Como resultado de esto, el gerente de sucursal desarrolló una baja autoestima y dejó la compañía para irse a trabajar con un importante competidor. Cuando se le dio autoridad al igual que responsabilidad en el nuevo trabajo, comenzó a tener una mejor autoestima y contribuyó con innovadores conceptos de ventas al menudeo en su nuevo empleo. De hecho, sus contribuciones fueron tan valiosas que lo ascendieron rápidamente a un puesto más alto que el de su antiguo jefe.

Un abogado me comentó acerca de una reunión que su bufete llevó a cabo para los ejecutivos de un banco local. Uno de sus socios estaba a cargo de hacer los arreglos para una comida y había ido a buscar carnes y embutidos fríos a una tienda de especialidad cercana. El bufete de abogados no causó una muy buena impresión. Varios de los socios del bufete se quejaron, así que varias semanas después le dieron la responsabilidad y la autoridad a una joven oficinista para hacer los arreglos de una comida con otro banco, pero esta vez con un presupuesto un poco más alto.

Sabiendo lo esencial que era la comida para el bufete, la oficinista se sintió honrada de recibir esta responsabilidad. Preparó deliciosos bocadillos fríos en su casa la noche anterior e hizo que trajeran comida caliente de un restaurante que estaba en el mismo edificio. La oficinista sirvió de anfitriona y saludó a todos los banqueros en la entrada de las oficinas del bufete. Hizo un trabajo maravilloso porque la responsabilidad de estar a cargo de la comida la hizo sentir importante. El evento fue todo un éxito. Se recibieron varias notas de agradecimiento de los banqueros con comentarios sobre la deliciosa comida y, poco tiempo después, el banco comenzó a usar algunos de los servicios del bufete.

Hazle saber a la gente que la aprecias

Recomiendo que le hagas saber frecuentemente a la gente cuánto la aprecias. Todavía no he conocido a nadie que no desee sentirse apreciado y, si te sientes así, debes expresar tu aprecio. Aunque sea sólo por presentarse a trabajar a tiempo, hazle saber a la persona que valoras la puntualidad. "Javier, creo que es maravilloso que llegues a la oficina todos los días a las 8:00 de la mañana en punto. Admiro a las personas puntuales". Si le dices esto a un empleado, notarás que muy rara vez llegará tarde desde ese momento en adelante. O quizá te gusta su amabilidad y sus ademanes suaves. Siempre hay algo que puedes apreciar de cada persona. Deja que se sepa. ¡No lo mantengas en secreto!

En Mary Kay creemos en poner a las consultoras de belleza y directoras de ventas independientes en un pedestal. Entre todas las personas, me identifico más con ellas porque por muchos años fui vendedora. Prevalece en la compañía mi actitud de aprecio hacia ellas. Por ejemplo, cuando las integrantes del cuerpo de ventas independiente visitan nuestra sede mundial, hacemos el mejor esfuerzo por tratarlas como celebridades en la alfombra roja. Cada persona en la empresa las trata como realeza.

Probablemente ya saben que, basado en el volumen de ventas, ofrecemos la oportunidad de ganar el uso de un Cadillac rosado. Hasta donde tengo entendido, somos la primera compañía en otorgar a tanta gente el uso de un auto tan elegante. Escogimos el Cadillac ya que siempre ha sido el prototipo de excelencia. Cuando una directora de ventas Mary Kay maneja un Cadillac rosado, se le reconoce como una persona que ha hecho un trabajo sobresaliente. Ello significa que ella es muy valiosa para nuestra organización y, claro está, una vez que alcanza este estatus, nunca quiere renunciar al privilegio.

Les damos un trato de primera clase en todos los sentidos y, aunque es costoso, bien vale la pena, porque nuestra gente se siente importante. Por ejemplo, cada año llevamos a las directoras de ventas más destacadas y a sus cónyuges a viajes de lujo a lugares como Hong Kong, Bangkok, Londres, París, Ginebra y Atenas. No escatimamos gasto y, aunque cuesta mucho más viajar en el Concorde, navegar en el Crucero del Amor o reservar habitaciones en el elegante George V en París, es nuestra manera de hacerles saber lo trascendentes que son para nuestra organización. Incluso en ciudades acostumbradas a la pompa y la ceremonia, llamamos bastante la atención. La gente en las calles se detiene a ver a nuestras hermosas mujeres siendo escoltadas del hotel a las limusinas y se pregunta quiénes son. Esas mujeres se sienten como reinas y para nosotros ¡lo son!

Desde el principio, siempre hemos creído en darle trato de primera clase a nuestra gente. Si algo es demasiado caro, preferimos olvidarlo en lugar de economizar. Por ejemplo, podríamos preferir hacer un banquete elegante al año en lugar de dos banquetes moderados. ¿Por qué lo hacemos así? Bueno, pienso en lo importantes que se sienten al cenar en un restaurante de primer orden. Todo está perfecto: el saludo cordial del *maitre d'*, la comida exquisitamente preparada, todo. Eso te da un sentido de satisfacción que no tienes en un establecimiento menos lujoso.

Igual que un restaurante costoso hace un esfuerzo por hacer que sus clientes se sientan especiales, hacemos todo lo posible por hacer que nuestra gente se sienta igualmente especial. Si no es así, no estamos haciendo nuestro trabajo. Creo que es esencial que cada líder recuerde ese letrero invisible: ¡HAZME SENTIR IMPORTANTE!

Las directoras nacionales de ventas independientes hablan hoy sobre los principios Mary Kay

"Aprender a ver a cada persona como alguien especial hace que una líder desarrolle un espacio interior que genera un carisma especial. En cambio, esto crea un fuerte vínculo con el equipo, lo cual desarrolla la credibilidad, la fidelidad y la confianza entre ellas para que un equipo esté comprometido", dice **Beatriz Casartelli** de Argentina.

¿Y cómo exactamente utilizó Mary Kay este letrero invisible? Aquí tienes tres ejemplos de los muchos que se han compartido:

"Cuando alguna de nosotras hablaba en un evento, ella escuchaba a un lado del escenario. Nos esperaba con los brazos abiertos al bajar del escenario. Saber que mis palabras eran tan importantes para ella como para que se quedara de pie a escucharme me maravillaba. Por lo tanto, cuando mi gente enseña una clase, habla o prepara a alguien, le doy toda mi atención porque cuando Mary Kay lo hizo significó mucho para mí", señala **Brenda Segal** de Estados Unidos.

"Como nueva directora de ventas Independiente, volé a Dallas para un evento educativo. Cuando llegué al hotel, me informaron que tenía un mensaje. Me entregaron una hermosa rosa y una nota personal de puño y letra de Mary Kay que decía: 'Estoy ansiosa por recibirte en mi casa el miércoles'. Nunca olvidaré cómo me sentí. Todavía me da emoción", indica **Debbie Mattinson** de Canadá.

"Muchas de nosotras creíamos que debíamos presentar clases del cuidado de la piel y manejar cada aspecto de nuestro negocio como si Mary Kay estuviese en la parte de atrás de la habitación observándonos. Puedes imaginarte mi sorpresa cuando, después de presentar una de las primeras clases del cuidado de la piel el año en que Mary Kay abrió en el Reino Unido, resultó que Mary Kay había asistido a la clase y me había estado observando tras bambalinas —afirma **Martha Langford** de Estados Unidos—. Cuando salí del escenario, me saludó con estas palabras: 'Martha, ¡hubiese comprado todo lo que tenías a la venta! Fue una clase hermosa'".

4 Elogia a la gente en su camino al éxito

Creo que el elogio es la mejor manera en que una líder puede motivar a la gente. En Mary Kay, tanto creemos en el elogio que en él basamos todo nuestro plan de mercadeo.

Para la mayoría de las mujeres, la última vez que recibieron un aplauso fue al graduarse de la escuela superior o de la universidad. A veces parece que las únicas mujeres que reciben aplausos son las reinas de belleza y las estrellas de cine. Una mujer puede trabajar día y noche atendiendo a su familia y quizá la única vez en que escuche algún comentario es ¡cuando *deje* de hacerlo!

Los pequeños logros abren camino a los grandes triunfos

El dar elogios está profundamente arraigado en la filosofía de mercadeo Mary Kay y aprovechamos rápidamente cada oportunidad para hacerlo. De hecho, comenzamos cuando alguien se convierte en consultora de belleza independiente. En una clase del cuidado de la piel, luego de que una mujer se hace un facial, la consultora de belleza les pide a las invitadas que comenten entre sí cómo han mejorado. No sólo las mujeres lucen mejor, también se sienten mejor, ¡por dentro y por fuera! Cuando una mujer posee una buena autoestima, esto no sólo genera interés en nuestros productos; con frecuencia, la gente también se interesa por hacerse consultora de belleza. Ésta es una experiencia nueva y maravillosa para la mayoría de las mujeres, ya que ha pasado mucho tiempo desde la última vez que recibieron un cumplido. Luego de que se convierte en consultora de belleza y ha dado su primera clase del cuidado de la piel, su directora de ventas *siempre* busca un motivo para elogiarla. No importa cuántos errores cometa durante la primera clase, nosotras le decimos a la nueva consultora de belleza lo que hizo bien. Aunque comúnmente su reacción sea preguntar: "¿Qué hice mal?", le respondemos: "Vamos a hablar de lo que hiciste bien". (Como dijo Somerset Maugham: "La gente te pide críticas, pero sólo desea elogios".) Sólo después de que la consultora de belleza ha recibido elogios por las fortalezas de su clase, la directora de ventas hará sus críticas, pero éstas siempre son el relleno del sándwich y van entre dos gruesas rebanadas de elogio. Sería aún mejor, si es que el ejemplo es de interés general, presentarlo en la siguiente reunión de ventas.

Hace muchos años, supe instintivamente que Helen McVoy, una de las consultoras de belleza independientes originales que llegó a convertirse en directora nacional de ventas, tendría un gran éxito en nuestro negocio luego de escucharla mientras hablaba con una nueva consultora de belleza afuera de mi oficina.

"¿Tuviste una clase de 35 dólares? ¡Eso es maravilloso!", dijo con entusiasmo.

Incluso entonces, ganar 35 dólares en una clase no era tan bueno. No podía imaginarme con quién hablaba, así que salí de mi oficina para ver.

"Mary Kay —afirmó Helen efusivamente al verme—, quiero presentarte a mi nueva integrante de equipo. ¡Anoche tuvo una clase de 35 dólares!" Helen hizo una pausa y bajó la voz. "Primero tuvo dos clases donde no vendió nada, ¡pero anoche vendió 35 dólares! Fenomenal, ¿no es cierto?"

De inmediato, me di cuenta de que, sin los elogios y el ánimo de Helen, su nueva integrante de equipo probablemente no se quedaría en el negocio suficiente tiempo para presentar una cuarta clase. ¡Helen la estaba elogiando en su camino al éxito! Este tipo de elogio es maravilloso para desarrollar la confianza de una persona. Al recibir estos elogios por cada pequeño logro, un individuo desarrolla la confianza para intentar con más ahínco. Por consiguiente, los pequeños logros abren camino a los grandes triunfos.

Un niño pequeño se pone de pie tambaleándose y luego da un pasito y se cae de nuevo. "¡Qué bien, magnífico! —seguro diría uno de los padres en medio de gran alboroto—. Vamos, inténtalo de nuevo, mi amor", lo convence el padre, a gatas en el suelo, aplaudiendo cada paso. Una y otra vez el pequeño recibe elogios hasta que aprende a caminar. Sin los elogios de nuestros padres, ¡muchos de nosotros aún estaríamos gateando!

Lo mismo ocurre cuando una bebé comienza a balbucear antes de que pueda decir palabras reales. Cuando la bebé dice: "Pa-pa", el padre inmediatamente interpreta que la bebé dijo *papá*. "¡Escuchaste eso! —señala emocionado el orgulloso padre—. ¡Me dijo papá!" Luego, toma a la bebé en los brazos, la abraza y la besa. "¡Eres una niña tan hermosa y papá te quiere mucho!" Al recibir elogios, anima a la bebé a hablar ¡y ella habla!

Creo que para ser una buena líder debes entender el valor de *elogiar a la gente en su camino al éxito.*

Los elogios son un motivador increíblemente eficaz. Por desgracia, muchos gerentes se muestran renuentes a usarlos. Sin embargo, no puedo evitar pensar que saben lo mucho que significan los elogios, no sólo para los demás, sino para ellos mismos. ¿Cuándo fue la última vez que le dijiste a alguien en el trabajo: "Sabes, de verdad que eres ¡excelente! Admiro el gran trabajo que haces aquí en la oficina?"

Opino que debes elogiar a la gente cada vez que puedas. Esto hace que las personas respondan como lo hace una planta sedienta cuando la riegan.

Uno de nuestros ejecutivos de mercadeo demostró una manera inteligente de elogiar a los empleados que han trabajado muchas horas extra. Habían estado preparándose para el seminario, una espectacular convención de tres días para el cuerpo de ventas. Teníamos inscritas a más de 20,000 mujeres que vendrían a Dallas a asistir a estos acontecimientos. No hace falta decir que el personal de mercadeo trabajó por meses en los preparativos y también planeaba estar "de guardia" las 24 horas durante la convención. Todos los empleados y sus cónyuges estaban invitados a una cena-baile muy particular llamada "Me quito el sombrero ante ti". Fue una fiesta muy divertida con más de 100 personas incluidos los cónyuges. La fiesta tenía un tema muy divertido y se requería que todos usaran un sombrero gracioso y, aunque no hubo discursos, el líder se cambiaba el sombrero, daba vueltas por el salón y saludaba con un sombrero distinto a cada integrante de su equipo. Debió haber traído docenas de sombreros. Cada vez que saludaba con el sombrero, le hacía un cumplido a cada persona por su magnífico desempeño. "¡Hiciste un gran trabajo! —se le escuchó decir a una mujer a cargo de nuestra publicación interna—. No sé cómo lo haces, pero mes tras mes sacas una edición sensacional. Sencillamente, no hay nada comparable en la industria estadounidense y la promoción previa al seminario este año estuvo magnífica…"

Para mantener esta filosofía de reconocimiento, creo sinceramente que un regalo de 40 centavos dado con 100 dólares de reconocimiento es mil veces mejor que un regalo de 100 dólares con 40 centavos de reconocimiento. ¡Y yo debería saberlo! Recuerdo que una vez trabajé día y noche durante dos semanas en un concurso de reclutamiento para recibir un listón que decía "Miss Dallas". (Ésa era la única forma en que llegaría a *ser* "Miss Dallas".) No lo hice por el listón, sino por el reconocimiento que representaba.

No se puede exagerar el poder de la motivación positiva en una estructura orientada hacia las metas como la nuestra. Esto es lo que motiva a nuestras consultoras de belleza a desarrollar al máximo su verdadera capacidad. Mary Kay se ha dado a conocer por dar mucho más que listones a quienes alcanzan sus metas. Además de los Cadillacs rosados, regalamos también artículos de lujo como anillos de diamantes y fabulosos viajes al extranjero. Los abejorros de diamantes son el símbolo máximo de reconocimiento en Mary Kay. Son las "joyas de la corona" y a quienes los reciben se les reconoce como reinas. Rendimos este tributo especial en el seminario a las más destacadas en ventas, reclutamiento y desempeño de unidad. En la noche de premios el maestro de ceremonias anunciará a las ganadoras y la entrega de los abejorros se hace de una manera similar a la coronación de Miss América. Hay muchos discursos; entre ellos, los discursos de felicitación que damos mi hijo Richard y yo.

Estas tradiciones continúan hoy en día y se han comparado con las más deslumbrantes producciones de teatro y ceremonias de entrega de premios. Alrededor del mundo, la cultura Mary Kay no sólo fomenta un verdadero espíritu de elogio y reconocimiento, sino que florece en él. En cualquier acontecimiento Mary Kay de cualquier lugar del mundo, encontrarás ceremonias para elogiar a las mujeres en su camino hacia metas aún más grandes y se dan reconocimientos mutuamente por sus éxitos. Incluso una visita a una de las oficinas corporativas es razón para desplegar la alfombra roja, recibir el aplauso de los empleados, etcétera.

El aplauso, una poderosa forma de elogiar

En el seminario, los elogios y el reconocimiento se dan generosamente a las integrantes del cuerpo de ventas independiente en presencia de miles de sus compañeras, seguidos de un largo y fuerte aplauso. Los reporteros de periódicos y revistas han descrito estos sucesos como la expresión máxima del elogio y, por supuesto, ésa es precisamente nuestra intención.

El aplauso es una forma poderosa de elogiar. Considera el precio que los actores y las actrices están dispuestos a pagar por un reconocimiento, por esa oportunidad que tiene uno de cada mil de "llegar a la cima". Y quienes sí tienen la oportunidad de presentarse en vivo ante un público deben repetir las mismas líneas noche tras noche. ¿Por qué lo hacen? ¡Por el aplauso que reciben de un público agradecido! Aunque se les paga bien a las estrellas más destacadas, estoy segura de que algo más que el amor por el dinero las motiva a lograr la excelencia.

Da reconocimiento cada vez que puedas

Porque admitimos la necesidad de la gente de recibir elogios, hacemos un esfuerzo concertado por dar reconocimiento cada vez que sea posible. Claro que, con una organización tan grande como la nuestra, no todas pueden dar un discurso en nuestros seminarios, pero sí tratamos de que muchas personas tengan la oportunidad de estar en el escenario como recompensa por sus logros, aunque sea por unos minutos.

¿Qué importancia tienen estas breves presentaciones en el escenario? Sinceramente, ¡creo que para una mujer es más significativo recibir reconocimiento de sus compañeras en el escenario que recibir un costoso regalo por correo sin que nadie se entere! Y una vez que la mujer ha probado este reconocimiento, ¡querrá volver por más el año próximo!

Recientemente, me pidieron que diera una charla en la convención de un distinguido fabricante. Por la noche, me invitaron a su cena de la noche de premios y varios de los distribuidores llevaban sacos azul marino. No pude evitar notar lo mal que les quedaban. Era obvio que no los había entallado un sastre.

—¿Por qué llevan esos sacos? —le pregunté a un ejecutivo de la compañía.

—Ah, ellos son nuestros distribuidores más destacados —me dijeron.

Durante todo el banquete, estuve esperando un discurso en honor a estos distribuidores. Pensé que ese sería el momento culminante del evento. Después de la cena, un artista de renombre hizo una presentación y luego cayeron globos del techo. "Ésa es una gran manera de comenzar los reconocimientos durante el banquete", pensé. Pero eso fue todo. Se acabó el evento y todos comenzaron a irse.

—¿Y los premios? —le pregunté al ejecutivo.

—Ya los recibieron; son los sacos azules. Se los enviaron a sus habitaciones.

¡Quedé perpleja! No podía imaginarme que una empresa patrocinara una noche de premios sin el reconocimiento público de sus distribuidores más destacados. En Mary Kay, *nunca* perdemos la oportunidad de dar reconocimiento. ¡Estoy segura de que para esos hombres hubiera sido mucho más significativo ponerse de pie y recibir un aplauso que recibir esos sacos azul marino!

Otra oportunidad que usamos para elogiar a la gente es nuestra revista mensual *Aplausos*™. Su propósito principal, además de compartir noticias sobre nuestros productos, es dar reconocimiento. Se imprime a todo color y su circulación es tan grande como muchas de las revistas conocidas en todo el país. Con frecuencia, les he dicho a las consultoras de belleza y directoras de ventas: "¿Se han dado cuenta de lo 'maravillosa' que es la revista *Aplausos*™, especialmente cuando aparecen publicados sus nombres y cómo deja ser tan interesante cuando no se incluyen sus nombres?"

A todas les gusta ver su nombre en una publicación, pero dado que sólo un pequeño porcentaje de personas puede aparecer en una edición de *Aplausos*™, animamos a cada directora de ventas a que envíe su propio boletín. Y una de las recomendaciones más importantes es que incluyan la mayor cantidad de nombres que sea posible. De esta manera, en una unidad de 100 personas, cada consultora de belleza tiene una buena oportunidad de recibir reconocimiento público. También, tenemos una publicación para directoras de ventas llamada *Breves para directoras* y hay una publicación mensual para los empleados de la compañía. Aunque creemos que hay cuatro elementos necesarios para una publicación exitosa —reconocimiento, información, educación e inspiración— nuestro propósito primordial es el reconocimiento.

Para continuar con la creencia de Mary Kay de elogiar a la gente en su camino al éxito, varias de las publicaciones de la empresa destacan los amplios programas de reconocimiento, incluidos algunos programas con el único propósito de publicar los nombres y las fotos de las más destacadas.

Con frecuencia, los hombres me dicen: "Vamos, Mary Kay, quizá funciona para ti el regalar un listón, honrar a las líderes en ventas delante de un gran público e incluir los nombres de las más destacadas en tus publicaciones, pero esto no funciona con los hombres". Cuando escucho esos comentarios, sólo sonrío. ¿Alguna vez has visto las estrellas en el casco de un *linebacker* de seis pies siete pulgadas de alto y 275 libras de peso? ¿O las medallas en el uniforme de un soldado? ¡Los hombres están dispuestos a arriesgarse a una lesión o incluso a perder su vida por recibir elogios y reconocimiento!

Es interesante observar cómo algunas personas subestiman el elogio. De hecho, uno de nuestros ejecutivos dice a menudo: "El elogio es maravilloso, pero yo personalmente no lo necesito. No necesito que nadie me alimente el ego, pueden guardar sus elogios para otra persona". Honestamente, no le creo. De hecho, sé que este ejecutivo en particular ronronea como un gatito cada vez que recibe un elogio. Igual que a todos nosotros, le encanta.

Como líder, debes reconocer que *todo el mundo* necesita elogios. Pero es indispensable elogiar con sinceridad. Encontrarás numerosas ocasiones para ofrecer un elogio sincero si las buscas. Así que, vamos, elogia. ¡El elogio no florece en secreto! Y nosotros tampoco.

Las directoras nacionales de ventas
independientes hablan hoy sobre
los principios Mary Kay

"Al elogiar a las personas en su camino al éxito… despertamos al gigante dormido que llevan por dentro y, a partir de ese momento, alcanzan grandes triunfos", afirma **Cheryl Warfield** de Estados Unidos, ex modelo y maestra de medio tiempo.

"Es tan cierto que a la gente siempre se les dice lo que hicieron mal en sus trabajos y muy pocas veces se les dice lo que hicieron bien. Las mujeres florecen como rosas cuando se les anima a esforzarse y cuando reciben elogios por todos sus logros", afirma **Yvonne Williams** del Reino Unido, donde en 2004, Mary Kay fue honrada póstumamente con el premio humanitario Rose Award en el Palacio de Kensington por la labor que inspiró a través de su fundación y la influencia que tuvo en la vida de mujeres alrededor del mundo.

"El elogio es la causa por la que muchas mujeres han alcanzado grandes metas que ni siquiera sabían que podían lograr", señala **Patricia Hernández de Bodart** de México quien, antes de alcanzar el éxito en su negocio Mary Kay, tuvo y perdió siete negocios debido a las condiciones económicas.

"Las mujeres que llegan a Mary Kay poseen diferentes niveles de confianza en sí mismas y experiencias de vida. Cada una de ellas crece y desarrolla más valor y confianza en sí misma cada vez que recibe un elogio sincero" —asevera **Karen Piro** de Estados Unidos, quien supo sobre Mary Kay a través de una amiga que ahora se desempeña como presentadora en una cadena de televisión nacional.

Liliya Shershneva de Ucrania dice que leer este capítulo "me ayudó a darme cuenta de muchos de mis talentos y también a darle a la gente confianza en su capacidad. Estos principios me ayudaron a amar a las personas tal y como son".

5 El arte de escuchar

Durante nuestros años en la escuela, nos enseñan a leer, escribir y hablar, pero nunca nos enseñan a escuchar. Aunque escuchar es la más subestimada de todas las destrezas de comunicación, los gerentes con habilidad para tratar con la gente probablemente escuchan más de lo que hablan. Quizá por eso nos han dado dos oídos y una sola boca.

No subestimes la habilidad para escuchar

Algunos de los líderes más exitosos son también los mejores oyentes. Recuerdo uno en particular. Lo contrató una corporación grande para ocupar la posición de gerente de ventas, pero no sabía absolutamente nada específico sobre el negocio. Cuando los vendedores le hacían preguntas, ¡no podía decirles nada porque no sabía nada! Sin embargo, este hombre sabía escuchar *de verdad*. Así que independientemente de lo que la persona le preguntara, siempre contestaba: "¿Qué crees *tú* que debes hacer?" La persona encontraba la solución por su cuenta, él le decía que estaba de acuerdo y se iba satisfecha. Los vendedores pensaban que él era fantástico.

Él me enseñó esta técnica valiosa para escuchar y desde entonces la utilizo. En una ocasión, una consultora de belleza independiente vino a verme para discutir sus problemas matrimoniales. Me pidió que le aconsejara si debía divorciarse de su esposo. Dado que no conocía al hombre y apenas la conocía a ella, no había manera de que pudiera aconsejarla. Todo lo que hice fue escuchar, asentir y preguntarle: "¿Qué crees *tú* que debes hacer?" Le pregunté esto varias veces y, en cada ocasión, me dijo lo que pensaba que debía hacer. Al día siguiente, recibí un hermoso ramo de flores con una encantadora nota de agradecimiento por los excelentes consejos que le di. Luego, como un año más tarde, me escribió para decirme que su matrimonio iba maravillosamente ¡y una vez más me dio crédito por los consejos que le había dado!

Muchos de los problemas que escucho no requieren que dé una solución. Resuelvo la mayor parte de ellos con sólo escuchar y dejar que la persona involucrada hable. Si la escucho suficiente tiempo, generalmente la persona halla una solución adecuada.

Hace muchos años, un amigo mío compró una pequeña compañía de manufactura a un precio muy bajo. El dueño anterior comentó: "Estoy contento de deshacerme de ella. Hay un ambiente muy hostil entre mis empleados y sencillamente no agradecen lo que he hecho por ellos todos estos años. Uno de estos días van a votar por iniciar un sindicato y yo no quiero lidiar con esa gente de los sindicatos".

Luego de convertirse en el dueño, mi amigo llevó a cabo una reunión abierta con todo el personal. Les mencionó: "Quiero que todos estén contentos. Díganme qué puedo hacer para lograrlo". Resultó ser que sólo tenía que proveerles algunas comodidades menores como accesorios más modernos para los baños, espejos grandes en el cuarto de los casilleros y vendedores automáticos de gaseosas y golosinas para el área de descanso. Éstas eran las únicas cosas que querían. Como resultado de sus acciones, nunca votaron para iniciar un sindicato y todo el mundo se mantuvo contento. Todo lo que querían era que alguien los escuchara.

Escuchar es un arte y el primer principio de esta destreza es darle toda tu atención a la otra persona. Cuando alguien entra a mi oficina para hablar conmigo, no permito que nada distraiga mi atención. Si estoy hablando con alguien en una habitación donde hay mucha gente, trato de hacer que esa persona se sienta como si fuéramos las únicas personas en la habitación. Bloqueo todo lo que está ocurriendo a mí alrededor.

Miro directamente a la persona. Aunque entrara un gorila en la habitación, probablemente no lo notaría. Recuerdo lo mucho que me ofendí una vez que estaba comiendo con mi gerente de ventas y cada vez que una mesera bonita pasaba, sus ojos la seguían hasta el otro lado del salón. Me sentía ofendida y pensaba: "Las piernas de esa mesera son más importantes para él que lo que yo tengo que decir. No me está escuchando. ¡No le importo!" Tienes que prestar atención para escuchar lo que la otra persona dice. Sin disciplina y concentración, nuestras mentes vagan.

La gente también se distrae con sus propios prejuicios insignificantes. Por ejemplo, una persona podría estar usando palabras soeces o alguna expresión que no te gusta. O quizá te choca un acento en particular. Conozco sureños que no soportan el acento neoyorquino y he conocido neoyorquinos a quienes les pasa lo mismo con la forma en que los sureños alargan las palabras al hablar. Por lo tanto, permiten que algo tan insignificante les distraiga del valor que tienen los pensamientos de la otra persona.

Todos hemos visto bromistas que se reúnen a intercambiar historias. Tan pronto alguien dice un chiste, la otra persona lo iguala. Ninguno escucha al otro, porque ambos están muy ocupados preparando su siguiente chiste. En algún momento, cada uno de nosotros ha olvidado escuchar a los demás por estar demasiado inquietos mientras esperamos nuestro turno de hablar.

Con frecuencia, la gente se siente inquieta cuando hay una pausa en la conversación. Se sienten obligados a apresurarse y comenzar a hablar. Quizá si se quedarán callados, la otra persona podría aclarar o brindar más información. A veces es positivo que ambos se queden callados por unos minutos para pensar. Una conversación interrumpida por el silencio puede ser un alivio grato. De hecho, conversar sin parar podría ser un indicio de que algo no anda nada bien.

Muchos gerentes cometen el error de crear una relación jefe-empleado entre ellos y su gente, como la que existe entre un maestro y su estudiante. No obstante, aunque es cierto que el maestro es quien generalmente se para delante de la clase y quien más habla, un buen maestro también sabe escuchar con atención. Lo mismo ocurre con un buen gerente. Tener un papel autoritario con los subordinados establece una relación de antagonismo entre "nosotros y ellos". Se interrumpe la comunicación efectiva y nadie escucha.

En ocasiones, escuchar solamente no es suficiente. Algunas personas necesitan un "empujoncito" si quieres saber lo que piensan. Pero aquí es necesaria una advertencia: debes ser sutil o darás la impresión de ser entrometido. A veces, es muy sutil la diferencia entre la invasión de privacidad y la preocupación y el interés. Con esto en mente, cuando creo que hay un problema, hago una o dos preguntas y luego me callo y espero una respuesta. Por ejemplo, hace algún tiempo la rutina de trabajo de uno de mis ejecutivos, a quien llamaré "Guillermo", comenzó a decaer. Siempre presentaba sus informes puntualmente, pero durante varias semanas consecutivas, había llegado a la oficina tarde y había contribuido muy poco durante las reuniones de comité. Todo esto era muy inusual en él. Un día, mientras estaba en mi oficina explicándome por qué me había entregado tarde un informe, decidí que era momento de hablar seriamente con él. Me levanté del escritorio y caminé alrededor de él para servirle una taza de café.

—¿Cómo tomas tu café? —le pregunté.

—Negro está bien.

Coloqué su taza en la mesa frente al sofá y me senté. Automáticamente, se sentó a mi lado. Le dije:

— Guillermo, eres uno de nuestros empleados clave, llevas 12 años con nosotros y considero que durante este tiempo hemos llegado a ser buenos amigos.

—Así lo creo yo también, Mary Kay —agregó en voz baja.

—Estoy preocupada por ti, Guillermo. Siempre has sido muy diligente con tu trabajo y hemos llegado a depender de tus contribuciones. Pero últimamente algo en tu forma de actuar ha cambiado.

No me respondió, así que dejé de hablar y tomé un sorbo de café. Él parecía tenso así que ofrecí servirle más café.

—No, gracias. Así está bien —respondió.

—¿Tienes algún problema en casa? —le pregunté.

Se sonrojó y luego de unos minutos, asintió.

—¿Hay algo en que pueda ayudarte?

Comenzó a decirme lo mortificado que estaba porque el médico de su esposa le había descubierto un tumor en la espalda y que había querido decírmelo porque sabía que estaba afectando su trabajo. Estoy convencida de que era necesario que dejara salir todo lo que tenía guardado y creo que hablamos más de una hora. Al final de la conversación, parecía que se sentía mucho mejor y después su trabajo mejoró inmensamente. Aunque no resolví su problema personal, resultó positivo para ambos hablar sobre el asunto.

Hasta qué punto un gerente debe discutir los problemas personales de un empleado es algo que sólo pueden determinar las personas involucradas. No pienso que sea posible que un gerente trabaje día tras día con una persona sin establecer algún tipo de relación personal. Claro que siempre debes usar tu criterio y nunca debes meterte en los asuntos de nadie.

Si formulas preguntas y las haces con sutileza, estás expresando un interés genuino en lo que la otra persona tiene que decir. Un médico que hace muchas preguntas demuestra que le preocupa tu salud, pero uno que parece estar demasiado ocupado para formular suficientes preguntas para diagnosticar un problema, da la impresión de que, en realidad, no le importas y que sólo está interesado en enviarte una factura.

"Dígame, ¿cuándo comenzó este dolor de estómago? —pregunta un médico atento—. ¿Qué estaba haciendo en ese momento? ¿Qué comió poco antes de sentir el dolor? ¿Ha tenido este dolor antes? ¿Le duele cuando le toco aquí? ¿Qué tal acá?" Al hacer estas preguntas, no sólo obtiene suficiente información para diagnosticar y tratar el problema, también demuestra su preocupación. En Mary Kay, cada persona en la compañía sabe que puede hablarme sobre un problema en cualquier momento.

Cuando éramos una empresa muy pequeña, tenía una relación de trabajo estrecha con todos los que trabajaban en la organización. En aquellos días, era fácil escuchar a menudo lo que cada persona quería decirme. Pero ahora, con tantas consultoras de belleza independientes y empleados es físicamente imposible escucharlos siempre con la misma frecuencia. Sin embargo, una persona es tan importante como la otra y se le debe escuchar. Nuestra solución es infundir en las líderes, a través de capacitación continua, la noción de que escuchar siempre será una prioridad.

Tu propia organización puede ser fuente invaluable de ideas

Hoy nuestro numeroso cuerpo de ventas independiente es una fuente invaluable a la que recurrimos para obtener nuevas ideas. Nos comunicamos constantemente con las consultoras de belleza independientes y las animamos a que nos comenten lo que está ocurriendo desde su punto de vista. Por ejemplo, la mayoría de las directoras de ventas independientes publica boletines o actualizaciones mensuales. Muchas de sus ideas están incluidas en publicaciones de la compañía y siempre se les da crédito por su contribución. El cuerpo de ventas independiente nos envía sus sugerencias y comentarios continuamente. Nos llegan cientos de ideas cada mes. Aunque no es posible usarlas todas, sí les expresamos nuestro agradecimiento por compartir sus ideas con nosotros.

La posición más alta en el cuerpo de ventas independiente es la de directora nacional de ventas independiente. Aquí también escuchar es una prioridad. Una serie de grupos asesores más pequeños ha demostrado ser el principal mecanismo de comunicación para este grupo. En estas reuniones, le pedimos a estos grupos que consideren nuevas ideas y ofrezcan soluciones estratégicas. Dado que las directoras nacionales de ventas independientes están reuniéndose de manera continua con consultoras de belleza y directoras de ventas, pueden brindarnos valiosa información.

Fomenta las sugerencias y comentarios

Es indispensable fomentar las sugerencias y comentarios de la gente, pero cuando lo haces, tienes que seguir estas tres reglas:

1. Escucha lo que te dicen.

2. Acusa recibo de toda la correspondencia recibida.

3. Da crédito a la persona correspondiente por toda sugerencia válida.

Al escuchar a todo el cuerpo de ventas, podemos desarrollar productos que son resultado directo de las exigencias de los clientes. Por lo tanto, nuestro desarrollo de productos es diferente al de otras compañías de cosméticos que no tienen la ventaja de este tipo de sugerencias y comentarios. Por ejemplo, digamos que la compañía de cosméticos XYZ decide que quiere lanzar un nuevo delineador de ojos. Luego de fabricarlo, se lo dan a la gente de mercadeo y les dicen: "Vayan a vender esto". Entonces, lo anuncian por la televisión, crean lujosos estantes para exhibir el producto en las tiendas, envían materiales de mercadeo por correo, etc. Tratan de crear la demanda para su producto *después* de haberlo creado. Por el contrario, nosotros sabemos lo que quieren nuestras clientas *antes* de producirlo. El cuerpo de ventas independiente nos informa: "Nuestras clientas quieren un compacto de *este tamaño*". "Nuestras clientas quieren este tono". "Nuestras clientas desean que el pincel para labios haga esto o aquello". Al escuchar lo que las consumidoras quieren, nuestro equipo de investigación y desarrollo lanza productos enfocados en las necesidades de la consumidora. Cuando añadimos un nuevo rímel a prueba de agua, por ejemplo, éste cumple con las exigencias que la consumidoras han expresado al cuerpo de ventas independiente.

"Pero la manera en que trabaja nuestra organización no nos permite escuchar así a nuestros representantes de ventas", explican a veces los ejecutivos de otras empresas. Si una organización con cientos de miles de consultoras de belleza independientes puede escucharlas, también pueden hacerlo las demás compañías, si sus líderes de verdad se lo proponen. Supe de un gerente de ventas nacional que llamaba a todos y cada uno de sus 35 representantes de ventas por lo menos una vez por semana. La comunicación constante con el cuerpo de ventas lo mantenía al tanto de lo que estaba ocurriendo con los vendedores. Otro gerente de ventas con 40 representantes de ventas hacía unas 25 llamadas al azar a sus vendedores cada semana. "¿Cómo va todo? —les decía en tono amigable—. ¿En qué puedo ayudarte? Si tienes alguna pregunta, hazla". Ambos les comunicaban claramente a sus empleados que nunca estaban demasiado ocupados para aceptar una llamada. En momentos en que no estaban disponibles, cada uno se ocupaba de contestar las llamadas de sus vendedores en las noches antes de irse a dormir.

Aunque muchas compañías tienen la oportunidad de escuchar a su cuerpo de ventas, no lo hacen. Un agente de seguros muy exitoso me confesó una vez que su compañía hace caso omiso de lo que sus representantes de ventas le sugieren al personal que trabaja en la sede. "Ya ni siquiera me molesto en hacer sugerencias —me dijo— porque ellos no ponen atención a lo que yo o ningún otro agente tiene que decir. Cada vez que expresaba una idea para cambiar algo, nuestra gente de mercadeo me decía: 'Tú ocúpate de las ventas y deja que nosotros nos preocupemos por el tipo de póliza que ofrecemos. Tenemos todo tipo de expertos diseñando pólizas, así que ni siquiera pierdas el tiempo pensando en eso. Haz tu trabajo y déjanos hacer el nuestro'". Esta compañía de seguros no sólo tenía una visión limitada al desaprovechar sugerencias que podrían ser muy buenas; en el proceso, también estaba destruyendo la moral de su cuerpo de ventas.

Creo que no escuchar lo que tu gente tiene que decir es señal de negligencia crasa de un gerente. Por fortuna, una vez que entiendes la importancia de escuchar, no es un arte difícil de practicar. Tu gente te hará saber lo que está ocurriendo, si está convencida de que la escuchas.

Las directoras nacionales de ventas independientes
hablan hoy sobre los principios Mary Kay

"Descubrí que escuchar era una destreza que necesitaba aprender —afirma **Norelle Turner-Allen** de Australia— para poder escuchar verdaderamente lo que las mujeres de mi equipo me decían. Todos necesitamos esta importantísima destreza para nuestro desarrollo personal".

"Escuchar siempre ha sido mi reto más grande y mi mejor vehículo de aprendizaje ¡porque me encanta hablar! —dice **Anna Ewing**—. Mis hermanos son los responsables de haber fomentado en mí un espíritu amante de los retos. A diario me recordaban las cosas que no podía hacer por ser niña. Correr más rápido, trepar más alto y lanzar la pelota más lejos se convirtió en mi deber", advierte esta tejana, quien comenzó su negocio Mary Kay dos años después de su fundación.

"Esta increíble compañía se desarrolló gracias a que nuestras clientas se enamoraron de los productos *Mary Kay*® y a que nosotros escuchamos sus necesidades. Cuando se sienten consentidas, aprenden a usar los productos y desarrollan una relación de confianza; la lealtad de las clientas se hace sentir y siguen comprándote productos" —asegura **Judy Kawiecki** de Estados Unidos, quien es investigadora de mercado de profesión, pero la flexibilidad de su negocio Mary Kay le permitió cuidar de su esposo cuando le diagnosticaron una condición cardiaca, de su hermana

con parálisis cerebral y de su mamá mientras padecía una enfermedad terminal—. Tiemblo de sólo pensar lo que hubiese ocurrido con mi trabajo anterior durante todo esto", nos dice hoy.

6 Un sándwich al estilo Mary Kay: la crítica entre dos gruesas rebanadas de elogios

Bajo ninguna circunstancia es apropiado que un gerente critique a un individuo. No quiero decir con esto que nunca se deben hacer críticas. Hay momentos en que un gerente *tiene* que comunicar su insatisfacción. ¡Pero las críticas siempre deben estar dirigidas a *qué* está mal y no a *quién* está mal!

Es excesivamente optimista no expresar tus sentimientos cuando alguien ha hecho algo mal, pero es necesario hacerlo con tacto; de lo contrario, tus críticas serán destructivas. Creo que un gerente debe poder decirle a alguien que algo no está bien sin herir su ego en el proceso.

Cuando alguien entra a mi oficina, es importante que propicie una atmósfera que promueva la comunicación. Y considero que esto se logra más fácilmente cuando elimino la barrera física del escritorio en la oficina. Ese escritorio representa autoridad. Le dice a la persona sentada al otro lado que yo estoy en posición de decirle lo que *tiene* que hacer. Prefiero que me vean como amiga y compañera de trabajo, no como "la jefa". Así que nos sentamos en un sofá cómodo y discutimos nuestros asuntos en un ambiente más relajado.

Creo en el poder del tacto. Es algo que me nace por naturaleza, así que me siento cómoda haciéndolo y esto hace que la otra persona se relaje. Quizá tu intuición te aconseja que es mejor estrechar la mano de una persona; con otra persona, podría ser adecuado darle una palmada en la espalda y con alguien más, un fuerte abrazo. Todos hemos escuchado historias sobre cómo los médicos tratan a sus enfermos con una gran sensibilidad y los "llevan de la mano". Bueno, de la misma manera, hay momentos en que un gerente debe tener esa gran sensibilidad al levantarse del escritorio y sentarse en el sofá junto a su empleado. Así que adelante, extiende tu mano y *toca* a alguien, es una buena manera de tratar con la gente.

Sé tierno y firme

Pienso que está bien que un gerente desarrolle una relación con sus empleados. De hecho, no creo que sea natural que se "anden con ceremonias" las personas que trabajan juntas continuamente, manteniendo siempre una relación formal entre el patrón y el empleado. No considero que este tipo de atmósfera promueva la productividad máxima. Por generaciones, nos han sermoneado diciéndonos que la "familiaridad lleva al desdén". La milicia es un buen ejemplo con sus reglas estrictas que prohíben que los oficiales socialicen con el personal enlistado. Con frecuencia, estas actitudes se transfieren al lugar de trabajo y, honestamente, no creo que sean apropiadas. Establecer barreras entre tú y otra persona impide que tengan una buena relación de trabajo, en especial si es necesario tener una conversación seria con él o ella.

De igual manera, los gerentes deben ser fuertes y hablar con franqueza. Si el trabajo de alguien no es satisfactorio, no se puede eludir el problema, tienes que comunicar tus sentimientos. Para ello es necesario ser tierno y fuerte a la vez. En otras palabras, tienes que mantener tu papel como gerente, pero, también, debes que tener empatía. Hay una diferencia muy sutil entre ser amigo de los empleados y poner en peligro tu estatus como gerente. En cierta forma, la relación se puede comparar a la de un hermano mayor con otro hermano. El hermano mayor tiene un papel en el que puede combinar el amor y la compasión, pero también puede disciplinar si es necesario. De hecho, para mucha de nuestra gente, tengo una imagen maternal. Me consideran una persona que se preocupa mucho por ellos y quieren hacerme su confidente. Muchas veces he escuchado: "Mary Kay, mi madre falleció hace varios años y ahora te considero como una madre". Me honra mucho escuchar estas palabras.

Nunca critiques sin elogiar

Nunca criticar *sin* elogiar es una regla muy estricta para mí. No importa lo que estés criticando, es necesario encontrar algo positivo que decir tanto *antes* como *después* de criticar. Esto se conoce como la "técnica del sándwich".

Critica el acto, no a la persona y trata de elogiar al principio de la discusión y luego al final *después* de la discusión. Además, debes esforzarte por terminar la discusión con un tono amigable. Al manejar el problema de este modo, no sometes a las personas a duras críticas ni provocas enojos.

He visto algunos gerentes obrar basándose en la teoría de que cuando están enojados por algo, deben criticar a la persona y hacerle saber exactamente lo que piensan de sus acciones. Esta corriente de pensamiento propone que debes expresar tus emociones y darle su merecido a la otra persona, sin aguantarte nada. Luego de que el gerente ha tenido suficiente tiempo para dar rienda suelta a su ira, se supone que termine con un elogio y, en teoría, todo estará bien de nuevo. Aunque algunos consultores de administración abogan por esta técnica, yo no puedo aprobarla. Una persona que recibe este trato estará tan afectada por las duras críticas que nunca escuchará los elogios, los cuales se añadieron al final de la discusión como una idea de último minuto. Este tipo de crítica es destructiva, no constructiva.

Opino que todos tenemos egos muy frágiles y que respondemos mejor a los elogios que a las críticas. Por ejemplo, una mujer puede enamorarse de un vestido y comprarlo, pero si escucha sólo una crítica ya no vuelve a ponérselo jamás. Recuerdo que compré un vestido de organdí rosado y me estaba preparando para asistir a una cena. Pensaba que el vestido era hermoso y estaba contenta con la forma en que me quedaba. Sin embargo, mi hija Marylyn tenía una opinión distinta.

—Mamá, no te vas a poner ese vestido, ¿verdad?

—Pues, sí —respondí con desconcierto.

—Pero Mamá, pareces una vaca con ese vestido —me advirtió.

No tengo que decirles que me quité el vestido. No sólo no lo usé esa noche; nunca me lo volví a poner. Pero si me dicen: "Oye, te ves absolutamente radiante vestida de azul. Realza el color de tus ojos", va a ser difícil que no me ponga un vestido azul al día siguiente.

Es posible que a algunas mujeres les resulte más difícil que a los hombres manejar las críticas. Sencillamente, algunas toman las críticas de manera más personal. En mis tiempos, el trasfondo cultural de una mujer era distinto al de un hombre. Así, desde jóvenes, los hombres recibían más críticas que las mujeres al participar en equipos deportivos. Un entrenador le gritaba a un niño por lo que hizo o dejó de hacer o podía culparlo por hacer que el equipo perdiera. Pero una vez que terminaba el partido, al niño se le enseñaba a aceptar la derrota con dignidad y a hacer su mayor esfuerzo la próxima vez. No ha sido hasta apenas hace poco que las mujeres han estado expuestas a ese ambiente y, por lo tanto, antes estaban prestas a tomar las críticas y la derrota de modo un poco más personal. En gran medida, las mujeres en mi tiempo vivían más protegidas durante su juventud y no tenían que enfrentar las fuertes críticas a las que con frecuencia estaban sujetos los hombres jóvenes. Por esta razón, siempre aconsejo manejar las críticas con manos de seda.

Nunca critiques delante de otros

No hay excusa para que un gerente regañe a alguien en presencia de otros. Sin embargo, he visto gerentes que, mientras se dirigen a un grupo, critican a una persona en particular. No puedo imaginar nada más desmoralizante.

No sólo es contraproducente criticar a alguien en presencia de otros, es muy cruel. El gerente de una planta, por ejemplo, nunca debe regañar al capataz delante de los obreros de la línea de ensamblaje. Imaginen las repercusiones si un gerente que está haciendo inspecciones de control de calidad al azar le grita al supervisor: "Mira lo que estás permitiendo que tus empleados hagan, José. Sabes que la compañía no puede aceptar esta calidad inferior. Estás haciendo un trabajo de tercera. Sigue así y no estarás aquí por mucho tiempo".

Esta acción no sólo crea amargos resentimientos, todos los presentes sienten vergüenza e inseguridad. Se crea un ambiente donde la gente se pregunta: "¿Seré yo el próximo?" Todos se sienten amenazados y la productividad se ve afectada. En este caso, los obreros podrían haber comenzado a cuestionar la habilidad de su supervisor, reduciendo de esta manera *su* eficiencia como gerente. Además, la autoestima del gerente debió haberse visto afectada muchísimo, lo cual lo hace sentir inseguro e indeciso. Aunque la mala calidad del trabajo pudo haber sido la verdadera razón del problema, la manera torpe en que el gerente manejó el problema no hizo más que agravar la situación. En lugar de atacar en público al supervisor, el gerente debió haber discutido en privado el asunto. Considero que esto hubiese aumentado las probabilidades de resolver un problema legítimo de producción y conservado la moral tanto del supervisor como de los obreros. Todas las partes involucradas, incluso la compañía, se habrían beneficiado.

Hay una técnica que utilizo cuando me dirijo a un grupo de personas que me permite hacer críticas efectivas sin hacerle daño a nadie. Una vez llevé a cabo una reunión de ventas con un grupo de consultoras de belleza independientes y había una mujer en particular cuyo maletín de belleza estaba sencillamente sucio. Era una nueva consultora de belleza y, a mi parecer, su maletín de belleza sucio la estaba haciendo perder ventas. Sin embargo, esta mujer sufría de falta de autoestima y pensaba que si la enfrentaba individualmente con mi queja podría abrumarla. En lugar de ello, decidí llevar mi mensaje de una manera más sutil. Se lo diría durante mi reunión de ventas que llevaba como título: "La limpieza lo es todo". Ella no lo iba a saber, pero el mensaje estaba confeccionado especialmente para su beneficio. Mientras las demás también aprendían de mi presentación, ¡esta mujer aceptaba mis críticas sin siquiera saber que estaban dirigidas exclusivamente a ella!

Durante la reunión, hablé sobre la importancia de que cada consultora de belleza Independiente tenga una imagen de profesionalismo. "¿Qué pensarían *ustedes* —le pregunté al grupo— si asisten a una demostración de belleza y el maletín de la consultora de belleza está sucio? La belleza es nuestro negocio y siempre debemos mantener una imagen de pulcritud, continué. Mientras hablaba, no miré ni una sola vez a la mujer a quien quería beneficiar con mi mensaje. No tuve que hacerlo. Ella sabía perfectamente que era culpable y debió haber pensado: "Mi maletín es un desastre". ¿Alguna vez has escuchado un sermón en la iglesia un domingo y estado absolutamente segura de que el ministro estaba dirigiendo su mensaje directamente a ti? "¿Cómo supo?", te preguntas. Y a la vez piensas: "No puede ser". Captaste perfectamente el mensaje del ministro, pero sin avergonzarte.

Un gerente con habilidad para tratar con personal nunca menosprecia a nadie. Esto no sólo no promueve la productividad, sino que es contraproducente. Es necesario que recuerdes que tu trabajo es resolver problemas; si abordas las situaciones de esta manera en lugar de criticar a la gente, lograrás considerablemente más.

Recuerdo una situación que surgió con una de nuestras consultoras de belleza independientes. (Para ilustrar mi explicación, la llamaré Martha.) Durante algún tiempo, Martha había sido una vendedora excelente, pero entonces algo ocurrió. Su entusiasmo menguó, perdió el interés por el negocio y luego, simplemente, dejó de asistir a las reuniones de ventas. Esto es un problema que enfrentan muchos gerentes: cómo volver a encender la chispa que una vez tuvo un empleado.

Llamé a la directora de ventas independiente de Martha y le pregunté si podría darle a ella un papel destacado en la siguiente reunión de ventas de la unidad. Su problema más grande era en el área de reservaciones, así que le sugerí que le pidiera a Martha que le hablara al grupo sobre este tema.

"Quizá podría enseñarles a las demás la mejor manera de iniciar y dar seguimiento a las reservaciones", comenté.

La noche de la reunión de ventas de la unidad, nos llenó de información. Al hacer investigación sobre su "área problemática", Martha había repasado y analizado todos los principios y técnicas que una vez usó con tanto éxito. Inspiró a todas en la unidad, pero, más importante aún, se convenció de que ella también podía ser exitosa nuevamente.

Cuando abordas los problemas de este modo, poniéndote primero en el lugar de la otra persona y después trabajando en conjunto para resolver el problema, no das la impresión de ser un crítico cruel. Te conviertes en un amigo que ofrece su ayuda. La persona siente que tiene un aliado que le está ayudando a resolver el problema. Al asumir esta postura, tu nueva "amiga" no sólo te lo agradecerá, hará el mayor esfuerzo posible por no decepcionarte.

Las directoras nacionales de ventas independientes
hablan hoy sobre los principios Mary Kay

"Por alguna razón, el mundo siempre conspira para corregirnos, amoldarnos y mejorarnos diciéndonos lo que estamos haciendo mal y, luego, cómo hacerlo mejor. Todo esto con buenas intenciones, pero es mucho más eficaz encontrar lo que la gente hace bien y colocar las críticas en medio del sándwich, entre dos gruesas rebanadas de elogios. Esto es cierto con los negocios, los hijos y la familia. Funciona en todas las relaciones", afirma **Carol Stoops**, madre de tres hijos y esposa de Bob Stoops, uno de los más exitosos entrenadores de futbol americano universitario del país.

"Sólo con comentarios y sugerencias positivas puede aumentar la energía", dice **Maria Brausam-Drogosch** de Alemania, madre y ama de casa que buscaba satisfacción y reconocimiento profesional cuando encontró la oportunidad Mary Kay.

"Esta práctica se ha perpetuado en forma maravillosa entre las líderes Mary Kay. Lo sé por experiencia propia, ya que mi directora de ventas *senior* tuvo fe en mí cuando comencé mi negocio. Tuvo que observar detenidamente, pero me pescó haciendo 'algo' bien y ayudó a desarrollarme con sus elogios. A medida que añadía integrantes a mi equipo, les transmitía esta manera de pensar y la hice parte de mí, a tal grado, que se convirtió en un hábito tan común como lavarme los dientes", nos cuenta **Pamela Waldorp Shaw** de Estados Unidos, ex maestra de inglés.

7 Cumple cabalmente con tus responsabilidades

Una vez oí decir a alguien: "Hay ideas a diez centavos la docena; pero la gente para implementarlas, ésa no tiene precio". ¡Qué gran verdad! El mundo está lleno de gente con ideas, motivada por las mejores intenciones, pero, al parecer, nunca puede llevarlas a cabo. Este tipo de personas es una mala líder.

No conseguirás algo grandioso sin cumplir cabalmente con tus responsabilidades

Anteriormente, discutí la importancia de escuchar a tu gente. Sin embargo, un paso igualmente importante es demostrarles que después hiciste algo respecto de sus preocupaciones. Cuando alguien de cualquier nivel del cuerpo de ventas independiente nos presenta un problema o una sugerencia, seguimos un procedimiento establecido:

- Escuchar

- Involucrar a los demás para ayudar a crear una solución

- Cumplir cabalmente con nuestra responsabilidad

Una vez tuvimos un programa llamado "Te escuchamos" que nos ayudó a prestar atención a lo que la gente decía. Pero, más relevante aún, el programa indicaba nuestras acciones en respuesta a lo que escuchamos. Este tipo de programa consiste en:

1. Analizar la aplicación técnica o procesal de una posible solución

2. Poner a prueba la solución entre las personas para quienes está destinada

3. Presentar los resultados a la población general de asociados (en nuestro caso, las consultoras de belleza y directoras de ventas independientes)

4. Conseguir el apoyo de todos

5. Implementar los cambios

Puedo ilustrar este punto con un ejemplo sencillo. Una vez, nuestros ejecutivos de más alto nivel se reunieron durante dos días con las directoras nacionales de ventas para hablar sobre los retos en el desarrollo de equipo. Debido a que ellas nos expresaron las preocupaciones del cuerpo de ventas, estas preocupaciones se convirtieron en nuestra prioridad máxima. Nuestro personal de mercadeo se puso a examinar cuidadosamente cada sugerencia de las directoras nacionales de ventas. Tuvimos sesiones para recopilar ideas que duraron casi todo el día y buscamos la solución correcta a un problema específico. Las ideas que surgieron de esas reuniones quedaron resumidas en un informe de 12 páginas. Posteriormente, 10 representantes seleccionadas por otras directoras nacionales de ventas vinieron a una conferencia, ya que pensábamos que sería más rápido trabajar con un comité asesor en lugar de un grupo grande. El siguiente paso era sentarnos con ellas y decirles: "Esto es lo que pensamos de los retos y queremos saber su opinión". De esta manera, ellas pudieron apreciar el arduo trabajo que habíamos hecho para sugerir soluciones y darse cuenta de que cualquier cambio se haría solamente con su aprobación.

Esto ilustra con claridad un elemento esencial de la filosofía Mary Kay: "La gente apoyará lo que ayuda a crear". Incluso cuando la solución mejor pensada y más lógica viene por *decreto*, la idea sigue siendo una orden. Si les pides que contribuyan a su creación, esa misma idea se convierte en una "causa personal". De repente, sienten la responsabilidad de asegurarse de su éxito.

El comité asesor respondió a nuestras soluciones sugeridas y ofreció más comentarios. Algunas de las ideas de nuestro equipo administrativo gustaron, pero ciertamente no todas. Así que nos reunimos de nuevo y pasamos muchas horas más haciendo revisiones para cumplir con las sugerencias del comité asesor. Una vez más, presentamos nuestras ideas al comité. Tras modificaciones adicionales, finalmente llegamos a algo con lo que todo el grupo estuvo de acuerdo.

Una vez asegurado el apoyo de las directoras nacionales de ventas independientes, el siguiente paso de nuestro proceso para cumplir cabalmente nuestra responsabilidad era asegurar el apoyo de las directoras de ventas. Cada año, llevamos a cabo una conferencia de liderazgo en una ciudad distinta y la siguiente conferencia ya estaba programada. Al percatarnos de que es natural que la gente se resista al cambio, de inmediato comenzamos a preparar nuestras presentaciones sobre las nuevas ideas para las directoras de ventas y a consolidar el apoyo de las directoras nacionales de ventas.

Durante cada conferencia, tuvimos muy poca resistencia porque habíamos demostrado claramente que:

1. Las ideas originales habían salido de la base de la organización

2. Nos habíamos preparado al considerar cuidadosamente todas las fases de la solución

3. Habíamos involucrado a los grupos afectados (las directoras nacionales de ventas) y logrado su apoyo

Sin embargo, el procedimiento también fue exitoso por la existencia de un cuarto elemento que ya estaba firmemente aceptado: nuestro mecanismo de comunicación "previamente establecido" mediante el cual escuchamos a nuestra gente, la involucramos para ayudar a crear soluciones y cumplimos cabalmente con nuestra responsabilidad. Cada una de las cientos de miles de consultoras de belleza sabe que puede presentar una idea y que ésta se evaluará con justicia en un foro abierto, se pula, quizá se reestructure por otros y es posible se implemente por todos más adelante. Cada idea tiene la misma oportunidad de ser aceptada o rechazada por el peso de sus propios méritos. Creo que esto es una diferencia significativa de otras organizaciones donde es necesario tener un puesto importante antes de que tus ideas se traduzcan en acciones.

La mejor manera de cumplir cabalmente con tus responsabilidades es hacerlo inmediatamente

Los gerentes también pueden fallar cuando les toma demasiado tiempo cumplir. Un vendedor de automóviles me confió una vez que él y otras 14 personas le habían expresado quejas graves a su concesionario y a su gerente de ventas.

—Teníamos quejas serias de las escalas de comisiones, las prestaciones y las largas horas de trabajo por las noches —me aseguró—, así que un domingo en la tarde nos reunimos todos en la casa del jefe durante cuatro horas para hablar de estos problemas. Nuestro concesionario y nuestro gerente de ventas escucharon con atención y estaban totalmente de acuerdo en que nuestro plan de compensación era obsoleto y no competía con el de otros concesionarios de la ciudad. Trabajamos muchas horas ese día, pero todos nos fuimos contentos, pues pensábamos que finalmente le habíamos hecho entender a la gerencia el hecho de que nuestros problemas eran reales. Creíamos que la reunión había sido exitosa.

—Maravilloso —advertí— tienes que darles crédito por saber escuchar.

—Sí, escucharon magníficamente bien —agregó—, pero eso fue todo lo que hicieron. No cumplieron con nada en absoluto. Transcurrieron semanas y meses sin que nos notificaran sobre los cambios que se harían como resultado de la reunión. Cada vez que tocábamos el tema, inventaban alguna excusa. "Este es un mal momento para hablar de eso" o "No te preocupes, luego nos ocupamos de eso, pero no esperes cambios de la noche a la mañana".

—Debió haber sido muy desmoralizante —comenté.

—Aunque la moral ya estaba muy baja, las cosas se pusieron aún peor, Mary Kay. Tres meses después de la reunión, cuatro de nuestros vendedores habían renunciado y los totales de ventas de los que nos quedamos habían bajado considerablemente.

Por último, estos vendedores de autos consiguieron lo que querían. Pero los cambios no fueron apreciados por la cantidad de tiempo que tomó implementarlos y se perdió la buena voluntad que pudo haber surgido al cumplir de inmediato.

Asimismo, a confianza es parte esencial de cumplir con un compromiso a cabalidad. Un gerente de sucursal de una tienda departamental me contó sobre un acto imperdonable de un gerente de distrito.

"Mis compradores estaban muy molestos por la política de la compañía en cuanto a los viáticos para los viajes de negocios —me indicó el gerente de sucursal—. Yo, en su momento, le expliqué las quejas a mi gerente de distrito durante uno de sus viajes a Dallas. El gerente de distrito me dijo que se aseguraría de que hicieran ciertos cambios inmediatamente para satisfacer necesidades que consideraba justas y justificables. Además, me informó que llamaría al final de la semana para comunicarme la aprobación de la oficina matriz".

No obstante, el problema fue que el gerente de sucursal les comentó a sus compradores que estuvieran en espera de estos cambios garantizados por el gerente de distrito.

"Quería que lo supieran porque se estaban preparando para un importante viaje de negocios a Nueva York la mañana del lunes siguiente y quería alegrarlos, pero, al final de la semana, mi gerente de distrito me llamó y me dijo:'Lo siento, se han complicado las cosas. No podré ayudar a tus compradores en este viaje, pero no te preocupes, les conseguiremos lo que quieren a tiempo para el siguiente viaje'. El caso es, Mary Kay, que la oficina matriz rechazó el cambio que él había 'garantizado'. Mis compradores se enojaron tanto que perdí a dos cuando se fueron a otra tienda departamental local".

Nunca prometas lo que no puedes cumplir

Aunque el gerente de distrito probablemente actuó de buena fe, cometió un error de juicio al empeñarse demasiado en complacer al gerente de sucursal. Un gerente nunca debe prometer que se va a hacer algo ¡a menos que esté absolutamente seguro de que *así será!* Una promesa rota es devastadora para quienes quedan desilusionados y no hay excusa para este comportamiento en la gerencia. Además, un gerente nunca debe comprometerse, a menos que tenga total autoridad para hacerlo. En el caso anterior, el gerente de distrito hubiera actuado con más sabiduría al decir:"He escuchado todas las quejas, las llevaré ante la consideración de la oficina matriz y les comunicaré su respuesta lo más pronto posible. Veré qué puedo hacer". Si estaba tan convencido de que debían hacerse ciertos cambios, pudo haber añadido:"No puedo garantizarles nada, pero quiero que sepan que estoy de acuerdo con ustedes y que haré todo lo que pueda para abogar por su causa ante mis superiores". Al decir esto, habría demostrado su apoyo y les habría dado el ánimo que creyó necesario en ese momento. En ese caso, aunque hubiese fallado (como fue el caso aquí), sus palabras no le hubiesen salido como tiro por la culata. Creo que es mejor tener el mayor de los cuidados; una esperanza falsa es destructiva.

Cumplir cabalmente con tu responsabilidad requiere disciplina y planificación

Con frecuencia, la correspondencia es un área en la que la gente no cumple cabalmente. A la mayoría de nosotros no nos gusta escribir y, naturalmente, tendemos a posponer las cosas que no nos gusta hacer. Pero las personas sí se molestan, y con toda la razón, cuando no reciben respuesta a sus cartas. De hecho, la mayoría de la gente lo toma como insulto personal. De manera que, si estás buscando una buena manera de *no* influir en la gente, no contestes las cartas. (Lo mismo aplica para las llamadas sin contestar.)

Siempre contesto las cartas. Si el asunto de la carta se relaciona con la especialidad de otra persona, me aseguro de hacérsela llegar a la persona correspondiente. A pesar de ello, como la carta estaba dirigida a mí, soy yo quien la persona espera que conteste. Así que cuando le envío la carta a otra persona, todavía es mi responsabilidad asegurarme de que contesten. Para asegurarme de que respondan rápidamente, le adjunto un volante de acción para que me envíen una copia de la respuesta. Lamentablemente, tenemos algunos gerentes que no dan seguimiento a sus cartas como deberían, así que cada viernes reviso mi archivo y, si no he recibido una copia, sigo pidiéndola hasta que me la envíen. Eso es cumplir a cabalidad.

Hay muchas tareas que todos tenemos que hacer, pero preferimos evitar. Escribir cartas es un ejemplo. Esta cualidad me recuerda una historia que escuché una vez sobre Ivy Lee, un experto en eficiencia reconocido, quien llamó a Charles Schwab, el ex presidente de Bethlehem Steel.

—Si pudiera aumentar la eficiencia de su personal y sus ventas pasando sólo 15 minutos con cada uno de sus ejecutivos, ¿me contrataría para hacer el trabajo? —preguntó Lee a Schwab.

—¿Cuánto me costará? —increpó Schwab.

—Nada, a menos que funcione. En tres meses usted puede decidir y enviarme un cheque por la cantidad que considere justa.

El industrial asintió en señal de acuerdo.

Entonces, Lee comenzó a llevar a cabo reuniones individuales con todos los ejecutivos de Bethlehem Steel en las cuales le pidió a cada uno que hiciera una promesa. Les pidió a los ejecutivos que, durante los siguientes 90 días, antes de salir de la oficina al final del día, hicieran una lista de las seis cosas más importantes que tenían que hacer al día siguiente y las enumeraran en orden de importancia. Les dijo que tenían que tachar de la lista cada cosa después de terminarla. Si no terminaban algo, lo pasaban a la lista del día siguiente. Al final del periodo de 90 días, el aumento en la eficiencia y en las ventas complació tanto a Schwab que le envió a Lee un cheque por 35,000 dólares. Lee les había enseñado a cumplir cabalmente con sus responsabilidades y por esa cualidad Schwab estaba dispuesto a pagar mucho dinero. Me impresionó tanto el mensaje de esta historia que, desde entonces, hago mi propia lista diariamente y me ha funcionado a las mil maravillas.

Mi lista me mantiene concentrada y se lleva todos los méritos cuando alguien me elogia por lo eficaz que soy dando seguimiento a las cosas. Escribo todo lo que requiere que cumpla cabalmente con mi responsabilidad y, una vez que está en papel, se convierte en un compromiso tangible que *tengo* que atender. También, me da la disciplina para cumplir con las cosas que prefiero no hacer, el tipo de cosas que la mayoría de las personas tiende a posponer y nunca realizan. Le he enseñado a las integrantes del cuerpo de ventas independiente a hacer lo mismo y siempre les advierto: "No confíen en su memoria. Incluso las tareas bienintencionadas no llegan a realizarse si no las escribes". Asimismo, les proveemos un cuaderno para anotar las seis cosas más importantes por hacer y quienes lo usan notan una mejora palpable en la eficiencia con que administran su tiempo.

Por otra parte, aumentar mi jornada de trabajo me brinda más tiempo para ser una persona más cumplidora. Hace algún tiempo me di cuenta de que, dado que el día sólo tiene 24 horas, la única forma en que podía lograr más cosas en esas horas era levantándome a las 5 a.m. Sin llamadas telefónicas ni interrupciones, esas horas eran muy productivas. Se corrió la voz entre las integrantes del cuerpo de ventas y se enteraron de la hora en que me levantaba. Así comenzó el Club de las cinco de la mañana Mary Kay. Cuando le pregunto a un público de nuevas directoras de ventas independientes cuántas están dispuestas a unirse al club, es increíble cuántas levantan la mano. "Está bien, fantástico —les digo—. Ahora, una de estas mañanas las voy a llamar a las 5:30 y les voy a pedir que lean su lista de las seis cosas más importantes por hacer. ¿Cuántas de ustedes *todavía* quieren estar en el Club de las cinco de la mañana?" Sorprendentemente, aún así levantan las manos, ¡a sabiendas de que se me conoce porque llego a hacer esa llamada!

Desde el principio, le enseñamos a cada consultora de belleza independiente la importancia de cumplir a cabalidad. Se le enseña a llamar a sus clientas regularmente y decirles: "Cuéntame cómo te va. ¿Cómo está funcionando el producto?" Probablemente, somos la única compañía de cosméticos que da seguimiento a sus clientas rutinariamente después de una compra. La consultora de belleza no lo hace para venderle más, porque la clienta aún no ha usado todo lo que compró inicialmente. Ella les da seguimiento de esta manera porque, si hay algún problema, quiere eliminarlo de raíz. Por ejemplo, supongamos que el cutis de una clienta todavía está muy reseco. La consultora de belleza le cambiaría la fórmula para el cuidado de la piel y se mantendría en contacto con ella para asegurarse de que esté completamente satisfecha.

Dos meses después de ese contacto, animamos a la consultora de belleza a que vuelva a darle seguimiento a la clienta. Para facilitarlo, le proporcionamos un sistema de archivo con separadores que le recuerda cuándo la clienta está lista para hacer un pedido de reposición. En nuestro negocio, el éxito depende de la satisfacción de la clienta; nuestra meta no es que solicite productos una sola vez. A cada consultora de belleza se le enseña a dar un servicio fuera de serie, lo cual es, por mucho, la mejor forma de asegurar pedidos de reposición. Las consultoras de belleza que ponen en práctica esta forma especial de cumplir cabalmente con las clientas son las que finalmente se convierten en las mejores directoras de ventas. Después de todos mis años de experiencia en ventas, llegaría a la conclusión de que el servicio al cliente es el denominador común que comparten los mejores vendedores y gerentes de ventas.

Los avances de la tecnología ayudan a Mary Kay Inc. a continuar brindando apoyo técnico de vanguardia para cada integrante del cuerpo de ventas independiente con acceso a una conexión de Internet. Una consultora de belleza independiente puede ingresar a sistemas de bases de datos administrados por la compañía que le proveen un perfil de negocios individualizado con información sobre ventas e información para dar seguimiento a sus metas y reconocimientos. Otras funciones le ayudan a organizar horarios para contactar clientas y sus preferencias de productos. Además, hay todo tipo de información en línea, desde noticias de último minuto hasta materiales educativos. En el sitio electrónico de la compañía, www.marykay.com, el público puede obtener acceso no sólo a los programas y productos Mary Kay®, sino que también puede obtener más información sobre sus filosofías.

La directora nacional de ventas Dalene White (quien fue la primera consultora de belleza Mary Kay), una vez efectuó un interesante experimento. Llamó a la Bolsa de Valores de Nueva York para preguntar el precio de una onza de oro. Luego, pesó una onza de "boletos rosados" (las copias de los recibos de venta de sus clientas) y comenzó a llamar a esas clientas para pedidos de reposición. Al final del día, ¡la *ganancia* de esas ventas fue mayor que el valor de una onza de oro! Al llamar a sus clientas, comprobó cuán acertado es cumplir cabalmente con las responsabilidades.

Los líderes destacados cumplen del mismo modo con sus equipos de vendedores preguntándoles: "¿Cómo pasaste tu día?" Después de escuchar cuidadosamente, podrían decir: "Si no te importa, me gustaría hacer unas llamadas contigo mañana y ver si puedo ayudarte en algo".

Haz tu tarea

Este capítulo contiene varios ejemplos de cómo cumplir a cabalidad con tus proyectos. Todos los ejemplos dependen de una técnica personal que podríamos llamar "hacer tu tarea". No importa si se trata de cumplir cabalmente con cambios sustanciales dentro de una compañía, como cuando respondimos a las directoras nacionales de ventas y reevaluamos prácticas existentes, *o* si se trata de cumplir con la preferencia de una clienta por un tono específico de lápiz labial, la tarea es mucho más sencilla si aprendes a investigar, organizar, prepararte y practicar.

Si alguna vez has estado delante de un público, entonces entiendes la importancia de hacer tu tarea. Un discurso bien dado requiere investigación del tema, organización y preparación de tu material, así como práctica de la presentación oral. Muy pocas personas pueden improvisar un discurso, aunque una buena oradora muchas veces te da la impresión de que ha improvisado. Pero la sincronización y la presentación oral se deben practicar una y otra vez hasta que el discurso parezca espontáneo. Yo, por ejemplo, igual que muchos otros oradores, he dado muchos discursos improvisados y la gente se sorprende al ver que puedo hablar por más de una hora sin notas. "Estuviste fantástica, Mary Kay —me señalan—. Tienes tanto talento para hablar sin prepararte..."

Sin embargo, quiero que conste que esos son los discursos para los cuales estoy *mejor* preparada. Hay muchos temas que, con el paso de los años, he aprendido tan bien que tengo suficiente experiencia para contar mi historia espontáneamente. Pero tengo que destacar que me tomó *años* llegar al punto de acumular suficientes experiencias para poder improvisar al contar mi historia. Incluso hoy día, si acepto dar un discurso sobre un tema fuera de mi especialidad, paso horas preparándome.

Los acontecimientos semanales más importantes dentro del cuerpo de ventas independiente son las reuniones de unidad de las directoras de ventas. Los lunes parecen ser el mejor momento para estas reuniones, porque marcan un "nuevo comienzo". Para algunas personas, éste es el final de un fin de semana sin preocupaciones y lo llaman "lunes triste". Además de ser informativas, tales reuniones brindan inspiración y motivación. Aunque las ventas de la semana anterior fueran pobres, tienes una nueva semana para comenzar de cero. Con frecuencia decimos: "Si tuviste una mala semana, *tú* necesitas la reunión de unidad. Si tuviste una buena semana, ¡la reunión de unidad necesita de *ti!*" Cuando una consultora de belleza sale de la reunión de unidad llena de entusiasmo, tiene una semana completa para aprovecharlo.

Es esencial para una directora de ventas celebrar una reunión efectiva, pero esto no ocurre espontáneamente. Ella tiene que hacer su tarea. Si no lo hace, las mujeres de su unidad no podrán aprovechar la reunión y pronto dejarán de asistir. No se van a vestir para ir a la reunión cada semana si no logran nada. Si la asistencia comienza a disminuir, la producción de su unidad se irá en picada, así que por lo general podemos saber qué directoras de ventas no están llevando a cabo reuniones motivadoras. En determinado momento, tenemos muchas directoras de ventas nuevas que todavía no tienen la habilidad para realizar una reunión efectiva. Sabiendo lo fundamental que son estas reuniones, ayudamos a cada directora de ventas a hacer su tarea. Ponemos a su disposición materiales de planificación detallados para cumplir con este propósito.

Queremos que las consultoras de belleza sean expertas tanto en productos como en técnicas del cuidado de la piel. Aunque es esencial para todo vendedor conocer bien su negocio, hacemos énfasis en este aspecto porque estas consultoras de belleza presentan clases del cuidado de la piel. Como "instructoras", tienen una mayor responsabilidad, más allá de la de un vendedor promedio. Para ser una experta, cada una de ellas debe pagar el precio necesario y *hacer su tarea.* Es un atrevimiento que cualquier vendedor entre a la oficina de un cliente potencial sin estar preparado adecuadamente para dar una presentación completa e informativa. No obstante, he sido testigo de muchos tan ineptos que han sido incapaces de contestar las preguntas más básicas sobre su producto. Cuando esto ocurre, el vendedor no sólo le está haciendo perder el tiempo a la otra persona, también lo insulta. Por supuesto, hay momentos en que se formulan preguntas legítimas que un vendedor no puede contestar en el momento. Por ejemplo, si le preguntan a una nueva consultora de belleza: "¿Cuál es el factor pH de esta crema limpiadora?" Ella podría responder: "Sabes, nadie me había hecho esa pregunta, pero puedo investigar y después comunicarme contigo para darte la respuesta".

Claro que el trabajo de un vendedor requiere que hagas tu tarea de otras formas además del conocimiento sobre productos y técnicas de ventas. Es necesario considerar muchos detalles que ocurren tras bambalinas. Ser organizado es esencial si vas a aprovechar al máximo tu tiempo. En la década de 1960, mi difunto esposo Mel, era representante de una compañía manufacturera y era un auténtico profesional cuando se trataba de hacer investigación sobre sus clientes. Incluso tenía una pequeña libreta negra con información acerca de sus clientes como por ejemplo sus intereses, incluyendo pasatiempos y deportes, el nombre de su esposa, los nombres de sus hijos y los nombres de su recepcionista y su secretaria. Incluso, sabía qué tipo de flores o dulces enviar a una secretaria. ¡Esto también estaba escrito en la pequeña libreta negra! Por ejemplo, si iba a Cleveland, llamaba a personas de 10 cuentas distintas y conocía todo tipo de información personal de cada una de ellas. Mel nunca tenía problemas para que le abrieran las puertas, porque les caía bien a todos. Hacía su tarea y bien valía la pena.

Como gerente de personal, tú también tienes trabajo constante de ventas

Aunque quizá no vendas un producto o servicio real, *tienes* que vender tus ideas para poder obtener el apoyo de las personas con quienes trabajas. Con esto en mente, debes prepararte con antelación para cada reunión. Hacer tu tarea para una reunión con una sola persona es tan indispensable como prepararte para una reunión con tu equipo de trabajo, una reunión con la junta de directores o una convención con un público de miles de personas. Sería una imprudencia no hacerlo. Para dar un ejemplo de cómo debemos prepararnos para una reunión, permíteme dar más detalles sobre aquella reunión de directoras nacionales de ventas que discutimos al principio del capítulo. Como recordarás, había un tema principal del cual hablamos. Antes de la reunión, recopilamos todos los datos imaginables respecto al tema. Sólo podíamos anticipar los comentarios y preguntas que las directoras nacionales de ventas podían presentarnos, pero no importa cuáles fueran sus preguntas y comentarios queríamos estar totalmente preparados. Mi hijo Richard presidió la reunión y tenía todo tipo de información a la mano. Pudo citar cómo los factores económicos actuales relacionados con la inflación, el desempleo y el ingreso disponible podían afectar nuestros esfuerzos. También, citó estadísticas para establecer un paralelismo entre el año en curso y años anteriores, basándose en periodos iguales y desiguales. Discutió algunas tendencias actuales en la industria de las ventas directas y cómo éstas podrían afectar los esfuerzos de nuestro cuerpo de ventas independiente. No había pregunta acerca del tema que Richard no hubiese investigado y todos estaban impresionados por su nivel de preparación.

Aunque este tipo de preparación obviamente produce una reunión bien presidida, también logra algo más: genera confianza en la habilidad de los líderes. La gente se molesta cuando la persona a cargo de una reunión no está preparada. Es probable que piensen que está completamente desorganizada o que, sencillamente, ¡no le importa! En cualquier caso, esa actitud es contraproducente. Los buenos gerentes de personal dan la impresión de que son eficientes y les importa su trabajo.

Hay una gran verdad en el adagio: "Si quieres que algo se haga, dale la tarea a una persona ocupada". De alguna forma, siempre parecen tener la capacidad para aceptar un proyecto más. Conozco a varios ejecutivos de alto nivel en Dallas que repetidamente reciben llamados de la comunidad para apoyar causas caritativas y cívicas. No importa cuán ocupados estén con sus carreras y actividades extracurriculares, de alguna manera, siempre se las arreglan para armarse de más tiempo y energía, y siempre hacen un trabajo excelente. Son muy admirados en la comunidad porque se han ganado la reputación de ser personas que cumplen con sus compromisos.

Asimismo, considero que hace falta un gran nivel de destreza de administración del tiempo para que una mujer lleve varias gorras de esposa, madre, ama de casa, chofer, psicóloga, etc. y trabaje largas horas como voluntaria para la comunidad. Una mujer que puede lograr tanto, tiene que cumplir cabalmente con su responsabilidad. Y aunque su currículo indique que nunca ha trabajado a cambio de una remuneración, a mi parecer, califica para muchos puestos en el mundo de los negocios. Entre las integrantes del cuerpo de ventas Mary Kay independiente, vemos muchas mujeres que entran a la fuerza laboral por primera vez.

A través de los años, he observado que quienes tienen la bendición de ser más talentosos no necesariamente superan a todos los demás. Aquellos que cumplen cabalmente con sus responsabilidades son los que se destacan. Esto es verdad para todo en la vida: en los negocios, los deportes y las artes. Lo veo continuamente en el campo de las ventas y también ocurre con los jóvenes en la escuela. Los estudiantes más destacados de la clase no necesariamente son los que tienen un coeficiente intelectual más alto; son los que tienen los mejores hábitos de estudio. Cumplen cabalmente con sus tareas siempre. Quienes se destacan de verdad en este mundo son los que cumplen cabalmente con todo, desde lo más grande hasta lo más pequeño.

Las directoras nacionales de ventas independientes hablan hoy sobre los principios Mary Kay

Cuando su título en economía la llevó a Nueva York a trabajar para una agencia que fue contratada por Mary Kay, desarrolló una percepción única de la compañía. Luego, decidió iniciar su propio negocio Mary Kay. "Cuando me mudé de Estados Unidos a México, sabía que dar mis clases del cuidado de la piel, incluso en otro idioma, sería una motivación para mi equipo. La lección es que todo es posible cuando cumples cabalmente con tus compromisos. El éxito de nuestro negocio y nuestra misión están directamente relacionados con nuestra capacidad para establecer una conexión con la gente", afirma la directora nacional de ventas independiente **Francine A. Bracco de Bucio** de México.

"Cada una de nosotras debe continuar siendo una persona que cumple cabalmente con sus responsabilidades en nuestro mundo. Le damos seguimiento a nuestras clientas para servirles y trabajamos continuamente con nuestras integrantes de equipo para educarlas y guiarlas. Ambos grupos tienen que saber que pueden contar con nosotros para estas cosas —menciona **Nancy Moser** de Estados Unidos, higienista dental que cursaba estudios de maestría en patología del habla el día que salió de la oficina de un dentista para jamás volver—. Me atrajo esta empresa por su actitud positiva, enfocada en la acción y en resolver problemas".

"Al ayudar a otras a fijar metas y cumplir cabalmente con tu responsabilidad apoyándolas para crear un plan para alcanzarlas, somos las buenas líderes y mentoras que Mary Kay quiso que fuéramos —dice **Donna Weir** de Canadá, una ex vaquera a quien le atrajo inicialmente el negocio Mary Kay porque quería ganar 50 dólares adicionales a la semana—. Creo en cumplir de principio a fin elogiando a las personas en cada paso de su camino. Una de las mejores lecciones que aprendí de Mary Kay al principio de mi carrera es que no puedo pedirle a mis integrantes de equipo que hagan algo que yo no esté dispuesta a hacer".

8 El entusiasmo... ¡mueve montañas!

No se puede lograr nada grandioso sin entusiasmo. Creemos tanto en esto que hasta tenemos en la compañía un canción titulada: *I've got that Mary Kay Enthusiasm* (Tengo ese entusiasmo Mary Kay).

Tenemos muchas canciones propias y las cantamos en los eventos del cuerpo de ventas, desde pequeñas reuniones semanales hasta nuestro seminario anual. El cuerpo de ventas independiente disfruta de esta actividad y yo creo que cantar crea un maravilloso sentido de unidad. Sin embargo, la gente ajena a nuestra organización, especialmente los hombres, con frecuencia nos critican diciendo que nuestro cantar es "estrictamente para mujeres". Yo no estoy de acuerdo. El canto une a la gente. Es como esos vítores en los que gritamos "¡ra-ra-ra!" para animar a nuestro equipo. Si alguien está deprimido, muchas veces cantar lo saca de su depresión. Quizá por eso los servicios religiosos comienzan con himnos. Recuerdo muchos domingos en la mañana en que manejaba con mis tres hijos a la iglesia y cuando, por fin llegábamos, las payasadas que hacían en el asiento de atrás no me hacían sentir mucha reverencia. Sin embargo, luego de cantar varios himnos, me sentía renovada y podía ponerme de humor para el servicio.

Una buena líder despierta entusiasmo

No es común que una compañía tenga canciones y, con el paso de los años, hemos recibido mucha publicidad con respecto a este punto. De hecho, para muchas personas, Mary Kay Inc. está directamente relacionada con el entusiasmo. Estamos orgullosos de que nos relacionen con el entusiasmo, porque éste es una cualidad valiosa para todos, no importa el tipo de trabajo que desempeñes. Muchos individuos talentosos fracasan por falta de entusiasmo y muchas líderes fracasan por la falta de apoyo de su gente. Creo sinceramente que una idea mediocre que genera entusiasmo llega más lejos que una idea maravillosa que no inspira a nadie. Por esta razón, las líderes deben ser capaces de despertar entusiasmo entre su gente. Para poder lograrlo, primero ellas deben ser entusiastas.

Claro que nadie puede estar entusiasmado todo el tiempo y, contrario a lo que muchos puedan pensar sobre mí, yo tampoco estoy entusiasmada todo el tiempo. Sencillamente, ¡no le dejo ver a nadie que no lo estoy! Al principio de mi carrera en ventas, más o menos un año después de divorciarme de mi primer esposo, me consideraba un fracaso como mujer, como esposa y como persona. Mi matrimonio había fracasado y mi pobre estado anímico había ocasionado unos síntomas físicos que varios doctores habían diagnosticado como artritis reumatoide. Un especialista aseguró que mi estado progresaba tan rápidamente que iba a quedar totalmente incapacitada en cuestión de meses. Con tres niños pequeños que mantener, ¡ése era un pensamiento horrendo!

En ese tiempo, trabajaba para una compañía que vendía productos para el hogar a través de un plan de fiestas. Mi sustento dependía de que hiciera tres fiestas al día, para generar un promedio de 25 a 40 dólares en cada una. Para sobrevivir, tendría que dejar mis problemas personales en casa. Así que estaba decidida a "entrar con una sonrisa en el rostro" siempre, sin importar cómo me sintiera. Al mirar atrás, pienso que mis síntomas físicos eran causados por el estrés emocional extremo en el que me encontraba, pues mientras más exitosa era en las ventas, más mejoraba mi salud. Al principio los médicos se mostraron escépticos. Insistían en que la mejora en mi salud era sólo un caso de remisión y que la artritis finalmente me iba a incapacitar. No obstante, a medida que aumentaron mis ventas, mi salud mejoró y desde entonces nunca más he tenido síntomas de artritis.

Como todo el mundo, todavía hay días en que no tengo ganas de trabajar. Es entonces cuando debo luchar para armarme de mi acostumbrado entusiasmo. Un hombre muy exitoso me comentó una vez: "Mary Kay, si sólo fuera a trabajar los días que quiero trabajar, ¡nunca trabajaría!" Estoy segura de que si fuéramos honestos, todos admitiríamos que algunos días es necesario que nosotros mismos nos levantemos la moral. Y así lo hacemos. Es fácil ser entusiasta cuando todo va bien, pero la verdadera prueba de nuestra valía es mantener el entusiasmo en circunstancias adversas. Con frecuencia le decimos a nuestras consultoras de belleza independientes: "¡Tienes que fingirlo hasta lograrlo!" Es decir, debes fingir entusiasmo hasta que te vuelvas entusiasta.

Hace algún tiempo invitamos a un orador prominente a dar un discurso de motivación en uno de nuestros seminarios. Su vuelo se retrasó y todavía venía en camino del aeropuerto cuando llegó su turno de presentar. Como maestra de ceremonias, continué improvisando hasta que me dieron la señal desde fuera del escenario de que él había llegado. Al comenzar mi presentación, miré hacia donde él estaba y lo vi caminar de un lado a otro. Luego comenzó a saltar y a darse golpes en el pecho. Me pregunté: "¿A qué clase de persona estoy presentando?"

Cuando terminé la presentación, salió al escenario corriendo y le dio un discurso fantástico a un público entusiasta. Mientras estaba sentada a su lado durante la comida, le dije: "Usted me puso muy nerviosa. ¿Por qué saltaba y se golpeaba el pecho mientras yo lo presentaba?"

"Bueno, estoy seguro de que usted sabe cómo son las cosas, Mary Kay —explicó—. Mi trabajo es la motivación, pero hay días en que no me siento bien y es difícil salir a dar un discurso de motivación. Hoy fue uno de esos días. He tenido una mañana agotadora con el retraso del vuelo y cuando llegué aquí me sentía exhausto. Sin embargo, sabía que esperaban a un orador entusiasta y enérgico, y yo no quería echarles a perder la fiesta. Así que tuve que animarme con un poco de ejercicio y golpes en el pecho". Como gerente, tendrás días en que te sentirás frustrado o deprimido y aún así debes alentar a otros. Todos tenemos días así. Cuando no te sientes bien, sencillamente tienes que trabajar más fuerte porque tu actitud puede afectar el entusiasmo de tu gente. Puedo recordar muchas ocasiones en que he estado totalmente exasperada y, aun así, he tenido que poner mi mejor cara. De todas esas ocasiones en que literalmente *he tenido* que respirar profundamente y forzarme a sonreír, ninguna fue tan dramática como cuando me presenté en el programa *60 Minutes*.

Me siento cómoda hablando frente a públicos grandes, ¡pero una entrevista en mi casa ante un público de 43 millones de televidentes era intimidante!

Nuestro itinerario de filmación tenía que ser flexible, ya que los productores del programa nunca sabían cuándo una noticia de última hora iba a tener prioridad.

Sabía que iban a venir, pero no sabía exactamente cuándo. Así que, la mañana anterior, nos comunicaron que definitivamente venían en camino. Iba por la casa arreglando cojines, reacomodando plantas y tratando de encontrar hasta la más mínima falta que pudiera aparecer durante la transmisión de *60 Minutes* en toda el país.

Mi casa está amueblada en tonos suaves primaverales y debo admitir que ese día, con la luz del sol iluminando la habitación, todo lucía perfecto. De pronto, una sacudida me hizo volver a la realidad: había golpeado el zoclo con la aspiradora y había desprendido unos pedacitos del esmalte de color amarillo pálido. ¿Cómo no había notado algo tan obvio? En realidad, eran trozos muy pequeños, pero, como estaba tan ansiosa, me parecían cráteres lunares. Corrí al armario a buscar el bote de esmalte del mismo tono, luego corrí al baño para buscar un pincel de labios, me puse a gatas y empecé a retocar la madera. Mi esposo Mel, tratando de ayudarme, decidió aspirar el polvo que pudiera caer en el esmalte húmedo. Usó un sistema de aspiradora central de las que tienen un tubo de succión muy largo. ¡Obviamente no tengo que decirles lo que pasó después! El bote de esmalte de un cuarto de galón se viró y se regó por toda la alfombra en medio de la sala. ¡La palabra desastre no describe la escena adecuadamente! Tenía un poco de aguarrás para limpiar el pincel, así que lo vertí sobre la mancha. Se veía mejor, pero no lo suficientemente bien como para aparecer en televisión. Si alguna vez hubo un momento en que sólo quise sentarme a llorar de frustración, ése fue el momento. Era día festivo y no habría ferreterías abiertas, pero volteé y le dije a Mel en el tono de voz más calmado con el que fui capaz de hablar: "Seguramente hay alguna tienda abierta. Por favor, ve a buscar más aguarrás".

Después de 10 minutos regresó con un galón de disolvente de pintura. Claro que se me olvidó por completo mi nueva manicura y me puse a trabajar usando todas las toallas de la casa para absorber el esmalte y el aguarrás de la alfombra.

La mañana siguiente, cuando llegó el equipo de producción, me obligué a sonreír, abrí la puerta y en mi tono de voz más entusiasta les dije: "Buenos días caballeros. Me alegro mucho de verlos".

Luego de que los técnicos colocaron las luces y las cámaras, Morley Safer y yo nos sentamos en el sofá de la sala. Se encendió la pequeña luz roja, comenzó la entrevista y noté que el camarógrafo estaba parado exactamente en el área empapada con aguarrás. Durante el programa, podía verlo olfateando el aire como si estuviera desconcertado por el extraño y penetrante olor. No sabía si la alfombra se iba a desintegrar, si la cámara tendría un corto circuito o si los técnicos se desmayarían a causa de los gases, pero el programa fue un éxito. Mantuve mi entusiasmo y sonreí mirando directamente a la cámara sin permitirme demostrar mis verdaderos sentimientos ni una sola vez.

El entusiasmo no sólo es contagioso, también se esparce como la pólvora. Con frecuencia, los empleados reflejan las personalidades de los dueños de la compañía. El entusiasmo del presidente ejecutivo de la junta directiva y su personalidad positiva pueden permear en toda la organización. Además, los cambios en la gerencia casi siempre provocan cambios en la personalidad de una compañía.

Por ejemplo, si un nuevo presidente es frío y arrogante, el ambiente alegre que había en la empresa puede desaparecer. Claro está, no tienes que ser el presidente ejecutivo de la junta directiva para influir en tus compañeros. Tus estados de ánimo, buenos y malos, inevitablemente se reflejarán en las personas que trabajan contigo. Depende de ti controlar esos cambios de humor y no dejar que ellos te controlen.

El poder del entusiasmo individual funciona

Sabemos el gran efecto que provoca el entusiasmo en los grupos. Esto los lleva a la histeria durante los partidos de futbol americano, las charlas motivacionales de ventas y los mítines políticos. Pero la mayoría de nuestro trato con las personas ocurre en las relaciones cara a cara. Aquí, la cantidad de entusiasmo que podemos generar es una medida de nuestro poder de persuasión y no hay nada más persuasivo que el entusiasmo que se transmite cara a cara. Puedes expresarlo de muchas maneras: el lenguaje corporal, las expresiones faciales, un gesto no verbal, un destello en la mirada, una sonrisa "de oreja a oreja" o el tono de voz. He hablado con personas al otro lado del mundo y he sentido el entusiasmo que generan. Los vendedores que se destacan en las ventas telefónicas son prueba de que el entusiasmo se puede transmitir exitosamente sólo con la voz.

Por el contrario, una falta de entusiasmo puede producir resultados devastadores. Los titubeos y la falta de confianza en uno mismo también son contagiosos. ¿Alguna vez has visto un vendedor que parecía totalmente indiferente a su propio producto? Si un cliente pregunta cómo funciona el objeto o si hay piezas de reemplazo disponibles y la persona responde: "No lo sé" o "Supongo que sí", esta falta de entusiasmo se transmite de inmediato. Se le puede disuadir de una compra incluso al cliente que entra a la tienda deseoso de comprar. De la misma manera, si un gerente presenta un nuevo proyecto a su personal con desgano, probablemente recibirá muy poco apoyo.

Es interesante notar que la palabra *entusiasmo* es de origen griego y significa "Dios dentro de nosotros". De igual forma, el entusiasmo debe comenzar *dentro de ti*. Cuando estás lleno de entusiasmo, la gente que te rodea no puede evitar responder del mismo modo.

Las directoras nacionales de ventas independientes hablan hoy sobre los principios Mary Kay

Como graduada del Instituto Geológico de Rusia y en una profesión dominada en gran medida por hombres, **Elena Romanova** no tenía prisa por regresar a su trabajo tras convertirse en madre. Y, aunque nadie la tomó en serio cuando por primera vez decidió iniciar su negocio Mary Kay, ahora, después de ganar el uso de tres autos profesionales y de viajar por el mundo, no hay duda. Elena afirma que es fácil ser entusiasta cuando ve todas las vidas que ha podido cambiar. "¡No se trata del monto de mis comisiones o de los autos, sino de tener la oportunidad de ayudar a que otras mujeres cambien su vida y mejoren!"

"Mary Kay siempre tenía una sonrisa, independientemente de lo que le estuviera pasando en su vida personal. Sus ejemplos de cómo manejar la adversidad fueron mi guía —advierte **Cindy Williams** de Estados Unidos, quien explica cómo aprendió a caminar en el piso de aserrín del lugar donde trabajaba su madre—. Me encanta el espíritu de Mary Kay de encontrar la manera de lograr las cosas a pesar de los obstáculos y me inspiró tanto a seguir su ejemplo cuando dijo: '¡Prefiero el 'yo sí puedo' al 'yo soy genio'!'"

"Soy una golfista mediocre, pero un día estaba jugando en pareja con una mujer que no sabía nada sobre mi negocio Mary

Kay. Ella estaba muy emocionada y comenzó a hacerme preguntas sobre el Cadillac rosado, etc. Cuando me tocó tirar, le di a la pelota desde el punto de salida y ¡zas! La pelota llegó más lejos que nunca. Y en un hoyo que requería 4 golpes, metí la pelota de un solo golpe. Ella continuó haciéndome preguntas sobre Mary Kay con mucho entusiasmo y, una y otra vez, yo hacía unos tiros fantásticos. Tienen que entender que nunca me había ido tan bien. Creo que esto fue resultado directo de esa energía positiva que ella me estaba transmitiendo con su entusiasmo por mi negocio", nos cuenta **Nancy Sullivan** de Estados Unidos. Nancy además agrega: "Nada funciona mejor que el entusiasmo por tu negocio. Es la clave principal de nuestro éxito".

"La gente queda fascinada con un propósito cuando una líder muestra gran entusiasmo y fe al presentarlo. Recuerdo las veces en que iba manejando a una reunión y físicamente no me sentía nada motivada. En ese momento me recordaba que 'si actuaba con entusiasmo, me convertiría en una persona entusiasta' y siempre funcionaba", menciona **Kay Elvrum** de Estados Unidos.

9 La velocidad del líder es la velocidad del grupo

"La velocidad del líder es la velocidad del grupo". Esto se escucha con frecuencia en las reuniones de las directoras de ventas. Creemos que una buena directora de ventas debe marcar el paso de su unidad. Una directora de ventas Mary Kay independiente que trabaja del modo en que le enseñamos, animará continuamente a su gente a esforzarse por lograr la excelencia en todas las facetas de su negocio. Ella animará a todas sus integrantes de unidad a informarse, sobre todo en el campo de los cosméticos, a conocer la línea de productos, a reconocer el valor de tener una apariencia impecable y el servicio al cliente, y a manejar su tiempo en forma eficaz. Cualquier líder puede hablar de la excelencia, pero una buena líder es un modelo para los demás.

Guía con el ejemplo

Por ejemplo, es imperativo que todas las consultoras de belleza tengan amplios conocimientos de nuestra línea de productos. Esto no es muy complicado; sencillamente es una manera de "hacer tu tarea". Pero una directora de ventas no puede convencer a sus consultoras de belleza de que se conviertan en expertas a menos que ella misma sea una experta. No puedo imaginarme a una directora de ventas dirigiendo una reunión de ventas sin tener conocimientos profundos sobre los productos.

Recomendarles que "hagan lo que ella diga y no lo que hace" no funcionará.

Me imagino que nuestra compañía es igual a otras: nada sustituye a una buena líder que trabaja. Lamentablemente, muchas personas que trabajan arduamente para obtener un ascenso a una posición de liderazgo desarrollan "ejecutivitis" una vez que las ascienden. Algunas integrantes del cuerpo de ventas independiente dejaron de presentar clases del cuidado de la piel luego de convertirse en directoras de ventas independientes. Como consecuencia, algunas se convirtieron en vendedoras, impulsoras de equipo y capacitadoras débiles. El éxito del que habían disfrutado al desarrollar sus negocios fue resultado directo de conocer nuevas clientas y consultoras de belleza potenciales en las clases del cuidado de la piel. Como ahora vivían pegadas a sus escritorios, al parecer ya no podían encontrar candidatas adecuadas ¡y no tenían idea del porqué! Además, cuando dejaron de trabajar en sus negocios, ya no motivaban a sus integrantes de unidad a hacerlo. ¿Alguna vez has notado que tu entusiasmo siempre es más fuerte cuando acabas de *hacer* lo que vas a enseñar?

Asimismo, una líder debe dar un buen ejemplo en su apariencia y en sus hábitos de trabajo. La imagen es fundamental. Trabajamos en el negocio de la belleza, así que siempre queremos presentar una buena imagen. Las consultoras de belleza independientes son contratistas independientes y dueñas de negocios propios. Por lo tanto, tienen el derecho de ponerse lo que deseen. Así que, una vez más, guiar con el ejemplo depende de la directora de ventas. Cuando una directora de ventas viste impecablemente, esto es un claro recordatorio para la gente de que vestir de modo adecuado mejorará la imagen de una experta en belleza. Me enorgullece el hecho de que las mujeres que representan a Mary Kay siempre han seguido esta práctica. Y, en lo que a mí respecta, incluso cuando tengo que ir un momento a la oficina durante los fines de semana o tarde en las noches, siempre escojo con cuidado lo que me voy a poner porque creo que es importante que yo dé un buen ejemplo.

También, me rehúso a recibir visitas en mi casa a menos que luzca de lo mejor. Como fundadora de una empresa de cosméticos, considero que debo tener cierta imagen. Por esta razón, si no estoy presentable, sencillamente no abro mi puerta. Incluso he tenido que limitar uno de mis pasatiempos favoritos: la jardinería. No creo que sea apropiado que me vean en mi jardín cubierta de lodo.

Estas prácticas se han hecho muy conocidas y, como resultado, me han dicho que muchas directoras nacionales de ventas se comportan de la misma manera. Cada una de ellas viste muy elegantemente y sienta las pautas de estilo para miles de consultoras de belleza independientes en su área.

Incluso los hombres en nuestra organización son influidos por la forma en que visten nuestros líderes masculinos. Hace varios años, cuando Richard tenía unos veintitantos años, decidió que quería usar camisas más casuales para el trabajo en lugar de trajes. En cuestión de semanas, todos los demás hombres en la oficina habían dejado de llevar trajes y estaban vistiendo de modo más casual. Cuando se dio cuenta de lo que había ocurrido, Richard volvió nuevamente a una imagen más apropiada para el trabajo y los demás hombres hicieron lo mismo.

Con frecuencia y para bien o para mal, las personas imitan los hábitos de trabajo y autodisciplina del líder. Si la persona acostumbra llegar tarde al trabajo, si se toma largas horas para comer, si hace largas llamadas personales, si se toma descansos continuamente para tomar café y si se la pasa mirando el reloj todo el día, las personas que están a su cargo probablemente sigan su ejemplo. Por fortuna, los trabajadores también copian los buenos hábitos. Tengo por costumbre despejar mi escritorio al final del día y llevarme a casa el trabajo sin terminar en lo que yo llamo mi "bolsa de reflexión". Prefiero eliminar todo el trabajo anterior antes de comenzar un nuevo día. Aunque nunca les he pedido que lo hagan, ahora mis asistentes y personal de apoyo también se llevan a sus casas "bolsas de reflexión".

Obra de acuerdo a la experiencia

Una buena líder no sólo obra siguiendo la teoría, lo hace por experiencia. Una sencilla directriz puede quedar desatendida a menos que puedas respaldarla con suficientes pruebas de que lo que les pides a otros que hagan *se puede* hacer. ¿Y qué mejor prueba para ellos que saber que *tú* lo puedes hacer? Este fue el razonamiento detrás de un interesante plan que causaría un gran furor en Mary Kay. Les habíamos pedido a las consultoras de belleza independientes que hicieran reservaciones para 10 demostraciones de productos de belleza durante una semana. Sabíamos que, si llevaban a cabo dos demostraciones todos los días, tendrían un aumento drástico en ganancias. Así, camino a casa tras la conferencia de liderazgo, los miembros de nuestro personal administrativo diseñaron un plan para alcanzar esta meta. Durante la siguiente reunión de personal, presentía que había algo en el ambiente. Finalmente, fue obvio que el miembro más nuevo del personal había sido elegido para decirme algo.

—Mary Kay —afirmó con mucho entusiasmo—, tenemos una idea fantástica que sabemos que ¡te va a encantar!

Al decir esto, se puso de pie y comenzó a caminar de un lado a otro del salón con la emoción del padre de un bebé a punto de nacer.

—Te va a encantar —repitió—. Es una gran idea y sabemos que va a funcionar.

—¿Cuál es la idea? —pregunté con calma.

—Bueno, Mary Kay, hemos decidido que si *tú* presentas 10 clases en una semana, entonces cada consultora y directora de ventas del cuerpo de ventas sabrá que si tú pudiste hacerlo a pesar de todo lo que tienes que hacer, ¡ellas también podrían hacerlo!

Miró a los demás y luego añadió cautelosamente:

—¿Lo harías?

No había presentado 10 clases en 10 *años* y por eso me desconcertó la propuesta. Comencé a dar golpecitos en la mesa con las uñas.

—Ni el Llanero Solitario hacía tanto ruido al galopar —comentó al sentarse.

Pero pensaba que si lo hacía, nadie tendría dudas de que también podría lograrlo.

—Es una gran idea —pronuncié en voz alta—. Lo haré.

Fue después que el pánico se apoderó de mí. ¿Cómo iba a encontrar a 10 personas para presentar 10 clases? Ya no tenía amigas que ya no hubieran sido anfitrionas de varias clases del cuidado de la piel. Si no habían sido anfitrionas de una clase, probablemente ya no eran mis amigas. De repente, la respuesta me pareció muy obvia. Volteé a mirar a nuestro joven portavoz y le pregunté:

—Felipe, eres nuevo en la compañía. ¿Alguna vez tu esposa Carolina ha sido anfitriona de una clase del cuidado de la piel?

—Pues, no. No lo ha hecho —respondió.

—Muy bien, dile a Carolina que la voy a llamar. Le va a encantar esta nueva experiencia.

Miré a los demás ejecutivos que estaban sentados alrededor de la mesa y, en cuestión de minutos, encontré varios cuyas esposas nunca habían sido anfitrionas de una clase del cuidado de la piel Mary Kay, entre ellas mi nuera, la esposa del presidente de la empresa. Lo que me sorprendió es que cientos de consultoras de belleza independientes habían pasado por las oficinas de estos administradores y nunca se les ocurrió preguntar: "¿Alguna vez su esposa ha sido anfitriona de una clase del cuidado de la piel?"

Y así logré lo que al principio parecía una tarea imposible con sólo mirar en el lugar más obvio. Miré a las personas que tenía a mí alrededor.

El departamento de ventas le dio una gran promoción a todo el asunto. Hicimos un concurso para ver quién podría llevar a cabo la mayor cantidad de clases, quién obtenía el mayor volumen de ventas y quién reservaba la mayor cantidad de clases futuras. Para asegurarme de lograr mis 10 clases, reservé cuatro clases adicionales. Hasta reservé una clase para mi corredor de bolsa el sábado en la tarde para presentarle nuestra línea del cuidado de la piel para caballeros.

Reservar clases probó ser la parte más fácil de la tarea. Lo que todos habían olvidado era que los productos habían evolucionado en los últimos 10 años. Claro que yo había estado involucrada en los cambios, pero nunca había practicado la mecánica de vender los nuevos tonos o las variaciones en los tonos de piel. ¡Ni siquiera sabía cómo armar nuestro nuevo y elaborado maletín de belleza!

Así que me comuniqué con LaQueta McCollum de Dallas y ella se convirtió en mi directora de ventas para la promoción. Me instruyó sobre todos los nuevos productos y me ayudó a hacer un pedido de mercancía. El pedido fue por un total de 4,000 dólares.

LaQueta comenzó su negocio Mary Kay en 1965 y es directora nacional de ventas independiente emérita. En las encuestas que se hicieron para este libro, muchas directoras nacionales de ventas mencionaron precisamente esta anécdota para describir el estilo práctico de liderazgo de Mary Kay.

Estaba sorprendida por la cantidad y le comenté:

—LaQueta, si me llevo esto a casa y le digo a mi esposo que voy a vender todos estos productos, ¡me dirá que estoy loca!

—No —insistió ella—. Créeme, sé que puedes hacerlo.

El fin de semana antes de mi "prueba" desempaqué 4,000 dólares en productos Mary Kay®. Venían todos los tonos de cada producto que ofrecíamos. Estaba abrumada por las dimensiones físicas de la línea y, a la vez, tenía miedo. El departamento de ventas ya había anunciado en la revista *Aplausos*™ que había aceptado el reto. Miles de consultoras de belleza independientes se preguntaban: "¿En realidad puede hacerlo?" Y si no podía hacerlo, ¿cómo me iba a recuperar de esta vergonzosa caída ante toda mi organización? Nunca más podrían confiar en mi palabra.

Practiqué durante horas, repasando una y otra vez los detalles de cada producto. Leí la información más reciente. Leí los materiales educativos que se habían escrito hace tiempo.

El lunes en la mañana, comencé la primera clase en casa de mi nuera. Y ya en este punto de la historia, debes estar pensando: "Pues claro que tuvo éxito, ella es la fundadora de la compañía. ¿Quién no va a venir a una demostración y a comprarle cosméticos a la mismísima Mary Kay?" Pero le había pedido a cada anfitriona que *no* les comentara a sus invitadas que yo haría la demostración. Y créeme que pocas me reconocieron y ninguna me compró simplemente por ser Mary Kay. Todas me dieron las mismas excusas y pusieron la misma resistencia que a cualquier consultora de belleza: "Ayer compré maquillaje nuevo". "No necesito limpiar mi cutis con productos especiales; sólo uso agua y jabón como siempre". "Mi esposo perdió su trabajo y parece que a mis hijos les va a dar varicela".

Al terminar la semana, había presentado 10 clases, reservado 19 clases futuras (las cuales luego le transferí a otra persona), reclutado dos nuevas consultoras de belleza y acumulado un total de ventas de 2,500 dólares. Cuando anunciaron a las personas con la producción más alta para esa semana, ¡obtuve el tercer lugar en todo Estados Unidos! Teniendo en cuenta que no había presentado una clase en 10 años, ¡no estuvo mal! Fue una sensación fabulosa saber que todavía podía conseguirlo. Y nuestro equipo de ventas corporativo tenía razón, *sí* ayudó increíblemente a subir la moral del cuerpo de ventas.

Estoy segura de que no hay un gerente de ventas a quien no le han dicho: "Las cosas ya no son como cuando tú eras vendedor". Probablemente, éste es el pretexto más viejo de la historia. Estoy segura de que el primer gerente de ventas del mundo escuchó esta excusa del primer vendedor del mundo. Por supuesto, las cosas sí cambian con el tiempo, pero los principios básicos de cualquier negocio siguen siendo los mismos. No hay nada que inspire más a un personal de ventas que una líder que demuestre que todavía puede vender.

A través de los años, las consultoras de belleza Mary Kay independientes han tenido la flexibilidad de compartir los productos Mary Kay® con clientas a través de sus demostraciones de productos de belleza —como Mary Kay les llama en esta historia— y sus clases del cuidado de la piel y de aplicación de maquillaje.

Una acción vale más que mil palabras

Hace años, cuando era directora nacional de capacitación para otra compañía de ventas directas, viajaba por todo el país llevando a cabo reuniones de ventas. Cuando tenía una reunión en la mañana, a veces llegaba el día antes y hacía una demostración para uno de los vendedores. Al día siguiente, cuando alguien me decía: "Eso funcionaba hace 10 años, Mary Kay, pero las cosas son diferentes ahora". Yo les contestaba: "Funcionó anoche con María. Eso le hizo ganar 200 dólares. Y eso fue aquí mismo en Boston, no en Houston". Eso me dio una credibilidad enorme.

Así que tu imagen como líder consta de muchos factores complejos: tu conocimiento sobre los productos de la compañía, tu credibilidad personal y sentido de respeto por ti misma, tus buenos hábitos de trabajo y tu disposición para demostrar un amplio conocimiento de los problemas de los trabajadores. Pero si además resulta que eres mujer, entonces puedes tener retos adicionales.

En ocasiones, mujeres líderes de otras industrias me preguntan: "Mary Kay, ¿cómo manejas problemas con hombres que se resienten por el hecho de que eres mujer y, además, eres su jefa?" Otra pregunta que me formulan con frecuencia es: "¿Y cómo manejas la situación con *mujeres* que se resienten por tener una mujer como líder?" Primero les digo que nunca he tenido ese problema. Pero sí sé que otras mujeres sí lo han tenido. Les advierto: "No importa si eres hombre o mujer. Puedes medir siete pies de alto y ser morado, pero si puedes probar que sabes de qué estás hablando, tendrás el respeto que te mereces". Sí, una mujer quizá tenga que trabajar más duro para probar qué tan buena es, pero, ¿acaso no ha sido siempre así?

Y finalmente, una de las cosas que más enojo me causa es cuando un líder no usa los productos de su compañía. He visto vendedores de Cadillacs manejando un Mercedes y gerentes de seguros que no están asegurados. Esto no sólo es hacer malas relaciones públicas, ¡también tiene un efecto negativo en los empleados de la empresa! Creo que una líder debe utilizar los productos de su organización y además hacerlo con orgullo. Noté que una de nuestras ejecutivas estaba empleando el compacto y el lápiz labial de otra compañía. Un día, mientras se retocaba el maquillaje, fui a su escritorio y le dije con mucho dramatismo: "Santo cielo, ¿*qué* haces? ¡No es posible que uses eso en esta oficina!" Aunque lo dije con humor, entendió el mensaje. Más tarde, durante el día, le envié nuestra paleta de maquillaje para labios y ojos. Hoy, todos los empleados nuevos reciben una demostración de productos y un juego completo de productos Mary Kay® y, por supuesto, se les permite comprar productos a descuento para sus necesidades futuras. ¡Pienso que nuestras acciones deben reflejar lo que predicamos!

Verdaderamente me da mucho gusto ver a un extraño usando nuestros productos. Recientemente iba en un avión y una mujer sentada a tres filas de distancia sacó una de nuestras paletas de maquillaje para labios y ojos cuando el avión comenzó a descender para el aterrizaje. Le pregunté a una de las azafatas: "¿Podría decirle gracias de mi parte a aquella señora?" Aunque la azafata me miró extrañada, le dio el mensaje. La mujer volteó a verme y moví mis labios para decirle gracias nuevamente. Cuando aterrizó el avión, esperó a que bajara. Me dijo que me había reconocido y me habló de lo mucho que disfruta nuestros productos. Naturalmente, me sentí halagada, pero también orgullosa. Estoy tan convencida de nuestros productos que no sólo los utilizo, disfruto compartiéndolos con mi familia y amigos.

Ser líder es una gran responsabilidad. Y mientras más alta sea tu posición, más atención debes dedicarle a proyectar una imagen apropiada. Siempre estás bajo el reflector y debes actuar con esto en mente.

Sé una líder que guía con su ejemplo y pronto tu gente hará lo mismo que tú. Toda la gente en Mary Kay Inc. y el cuerpo de ventas independiente cree que "la velocidad del líder es la velocidad del grupo".

Las directoras nacionales de ventas independientes hablan hoy sobre los principios Mary Kay

"La gente trabajará a tu lado si estás trabajando o se sentará a tu lado si no trabajas —afirma **Bettye Bridges** de Estados Unidos—. Como consecuencia de este aprendizaje, soy una mejor madre, una mejor hija y una mejor esposa. Mary Kay es el mejor programa de autoayuda del mundo".

"No puedo guiar a otros a un lugar en el que nunca estuve", nos dice **Liliana Actis Milanesio de Stettler** de Argentina.

Olena Romanova de Ucrania era el ama de casa común que descubrió en sí misma un potencial de liderazgo aún sin explotar.

"Mary Kay me mostró que podía ser ambiciosa, que podía trazarme metas, que podía soñar y trabajar. Los secretos más importantes son mantener una actitud positiva, desarrollar la habilidad para comunicarte con personas y aceptarlas tal y como son. Le enseñamos a las personas con nuestro propio ejemplo: la velocidad, la meta, los resultados".

Grace Kao de Taiwán asegura: "La velocidad del líder es la velocidad del grupo". Durante 16 años ha puesto en práctica esta verdad Mary Kay no sólo para pensar positivamente, sino para hacerse experta en convertir los retos en oportunidades. Señala que vivir al *estilo Mary Kay* se ha "convertido en mi estilo de vida. Me enseñó a ser positiva y a preocuparme por los demás".

Las directoras nacionales de ventas de **Kazajstán,** mujeres de negocios exitosas que se mantienen fieles a sus orígenes modestos y reservados, respondieron a nuestra encuesta con respuestas grupales. Según ellas, "es imposible enseñar a tocar el piano si no lo puedes tocar tú. Sólo después de trabajar en este negocio puedes enseñarles a otras personas. Es entonces cuando conoces la ruta, los obstáculos en el camino y sabes cómo superarlos".

10 La gente apoya lo que ayuda a crear

Un vicepresidente auxiliar de uno de nuestros competidores una vez se me acercó para pedirme trabajo. "He llegado a una calle sin salida, Mary Kay —se lamentó—. Nuestra compañía está a la deriva y creo que ahí no tengo futuro".

Después de hablar durante un rato, descubrí su verdadera queja. La compañía estaba en proceso de renovar su estrategia de mercadeo y a él no lo habían invitado a participar en el comité que, según él, estaba formado por "la crema y nata" de la empresa. Ahora se oponía tenazmente a cada cambio que se estaba implementando. Repasó cada uno de los cambios, punto por punto para explicarme por qué no podía apoyarlos. Pero los cambios de la organización me parecieron una buena estrategia. No pude evitar concluir que el *verdadero* problema era que a él no se le había pedido que participara en los cambios. De haber formado parte del comité, creo que les hubiese dado todo su apoyo. Era un joven inteligente que probablemente hubiese podido hacer una valiosa contribución a la compañía, pero en lugar de esto, su apatía lo estaba llevando a dejar su trabajo. Habían herido el ego de un buen hombre. Todos tenemos ego, y le guste o no, cada líder debe considerar este hecho antes de tomar cualquier decisión que afecte a las personas que trabajan para él.

El ego es algo que se debe considerar cuando las decisiones afectan a personas de más alto nivel en la estructura de la empresa. Durante la crisis energética de la década de 1970, escuché sobre una empresa manufacturera que exploraba maneras de reducir sus gastos fijos. Cuando le hicieron saber al comité de presupuesto que todos los ejecutivos viajaban en primera clase, se hizo la sugerencia de que en el futuro sólo debía permitirse este lujo a individuos sobre determinado nivel. El comité hizo una encuesta entre sus ejecutivos y su respuesta fue enfática. Ellos pensaban que esta práctica traería como resultado un sistema de clases que los dividiría en ejecutivos de primera y de segunda clase: los que tienen privilegios y los que no los tienen. La eliminación del "privilegio" de primera clase crearía un resentimiento entre los que quedaron excluidos. Dado que al hacer la encuesta la corporación llegó a la conclusión de que se afectaría la moral de los ejecutivos, continuaron permitiendo que todos ellos viajaran en primera clase y decidieron explorar otras formas de reducir los gastos fijos. Sin embargo, la encuesta había servido como un mandato firme a los ejecutivos de que *tenían* que reducir los gastos fijos. Como resultado, muchos de ellos ofrecieron sugerencias para recortar costos. De hecho, sus sugerencias representaron un ahorro mucho más significativo para la compañía que el que hubiesen logrado al eliminar los privilegios de viajar en primera clase.

Nos resistimos al cambio, incluso cuando no estamos contentos con la vieja manera de hacer las cosas. He visto a la gente quejarse sobre un sistema antiguo y luego expresarse firmemente en contra de cualquier recomendación para mejorar. Después de todo, el cambio sí requiere que la gente actúe de manera distinta, haga ajustes y haga las cosas en forma diferente. Para muchos, es más fácil dejar las cosas como están.

Cuando el cambio es necesario, el modo de presentarlo puede influir grandemente en el tipo de reacción que obtienes como resultado. Al involucrar a otros en la decisión escuchándolos, no sólo evitas herir sus egos, también puedes aumentar sus niveles de autoestima.

No obstante, sí hay un lado negativo al involucrar al personal. Mientras más personas consultes, mayores son las probabilidades de que se divulgue información confidencial fuera de tu organización. Aumentar la cantidad de personas involucradas también requiere de más tiempo y la implementación del cambio podría retrasarse. A pesar de estos riesgos, la recompensa de levantar la moral es enorme. Creo que es muy importante hacer que la gente se involucre en las cosas que le afectan directamente. Por eso, siempre he estado dispuesta a arriesgarme. Si deseas el apoyo incondicional de tu gente, debes hacerlos actuar y, mientras más pronto, mejor.

La gente se resiste al cambio por naturaleza

Trabajé para una compañía cuyo dueño decidió cambiar la escala de comisiones que les pagaba a sus gerentes de ventas. Se hicieron los cambios correspondientes a todos los folletos y materiales impresos de la compañía. Luego, hizo planes para anunciar personalmente los cambios durante una serie de conferencias regionales. Lo acompañé a la primera conferencia. Nunca lo olvidaré.

Anunció a un público de 50 gerentes de ventas que la compensación de 2 por ciento que ganaban en ese momento por la producción de ventas de su unidad se reduciría al 1 por ciento. "Sin embargo —dijo—, en lugar del 1 por ciento, recibirán un regalo muy bonito por cada persona nueva que recluten y capaciten". Al decir esto, levantó un mantel blanco que cubría electrodomésticos pequeños como relojes despertadores y grabadoras. "Pueden escoger cualquiera de estos —continuó— y mientras más vendedores capaciten para la empresa, más valiosos serán los regalos que recibirán".

En ese momento, una gerente de ventas se levantó y las palabras salieron de su boca como si disparara con una escopeta de doble cañón. Estaba completamente furiosa. "¡Cómo se atreve a hacernos esto! ¿Por qué, si incluso el 2 por ciento no era suficiente? Reducir nuestras compensaciones adicionales a la mitad y ofrecernos un estúpido regalo para apaciguarnos es un insulto a nuestra inteligencia". A continuación, salió furiosa del salón y todos los demás gerentes de ventas de ese estado la siguieron, un total de 50. De un tirón, el dueño había perdido toda su organización de ventas en esa región; los mejores vendedores del país. ¡Jamás en mi vida había visto un rechazo tan abrumador a un cambio de este tipo!

La conferencia había comenzado un viernes y estaba programada para continuar todo el fin de semana. En lugar de ello, el dueño se fue a Texas el sábado por la mañana. Durante el fin de semana, solicitó que volvieran a imprimir los materiales de ventas y así, reinstituyó la compensación original del 2 por ciento. El lunes, asistimos a la siguiente conferencia programada como si nada hubiese ocurrido, pero la organización de ventas de esa región había desaparecido ¡y ni uno sólo de ellos volvió jamás!

¡Ese error garrafal me enseñó una lección invaluable sobre el cambio y cómo la gente se resiste! A la gente no le gusta renunciar a lo que ya tiene, pero además, hay otro tipo de resistencia más básica hacia acciones de *cualquier* tipo. Resistir el cambio simplemente por ser algo nuevo parece ser una respuesta natural del ser humano. Nos sentimos muy satisfechos con demasiada facilidad y el cambio requiere un esfuerzo a conciencia.

El negocio de los clubes de libros y discos florece amparado en el hecho de que la mayoría de la gente evita actuar. Cada mes, estos clubes envían a sus miembros una tarjeta que deben devolver si no desean hacer una compra. En otras palabras, ¡es necesario actuar para *no* hacer una compra! Esto se conoce como la "opción negativa". Es más fácil comprar que tomar la decisión de no comprar.

Busca el apoyo de todas las personas afectadas

Un ejemplo clásico de cómo la gente se resiste incluso a los cambios beneficiosos ocurrió cuando revisamos la estructura del cuerpo de ventas independiente. Brevemente, elevamos el estatus de la líder de equipo (una posición intermedia entre consultora de belleza independiente y directora de ventas independiente) aumentando su tasa de comisiones. Además, al alcanzar cierto nivel en su volumen de ventas, ganaba el uso de un auto. Éste era uno más económico que el que estaba disponible para las directoras de ventas. Tanto el auto como el nuevo estatus de la líder de equipo pudieron haber sido incentivos excelentes para las mujeres que trabajaban su negocio en ese nivel.

No había duda de que las líderes de equipo aceptarían gustosas esta nueva política. De igual manera, anticipábamos una buena aceptación por parte de las directoras de ventas independientes porque cuando sus líderes de equipo están motivadas a aumentar las ventas, las directoras de ventas también se benefician. (Permítanme añadir que el aumento en las comisiones y la gratificación del auto serían gastos de la compañía.) ¿Cómo era posible que alguien *no* estuviese más que feliz con estos cambios?

Sin embargo, ¡hubo resistencia! Primero presentamos el nuevo programa en una conferencia que se llevó a cabo en Dallas. Cuando pudimos informar sobre el plan a otras regiones del país, ya se había corrido la voz y varias directoras de ventas habían recibido información errónea. Temían que al ampliar la posición de las líderes de equipo estábamos limitando el papel de la directora de ventas. No obstante, una vez que nos reunimos con ellas y aclaramos las cosas, el programa fue recibido con mucho entusiasmo. La gente apoyará lo que ayuda a crear. Ten esto en mente cuando propongas cambiar el estado actual de las cosas. En este caso, trabajamos muy de cerca con las directoras *nacionales* de ventas, pero no incluimos a las directoras de ventas, quienes se sintieron amenazadas por el cambio.

Supongo que una alternativa para hacer este anuncio tan importante acerca del cambio pudo haber sido anunciarlo simultáneamente "en vivo" (vía satélite o televisión de circuito cerrado) en teatros y auditorios en todo el país.

En la compañía, queremos las ideas de nuestra gente. Fomentamos que compartan sus ideas y las solicitamos abiertamente. Su participación es vital para nuestro crecimiento y bienestar. Mientras más se permita que la gente participe en un proyecto nuevo, más lo apoyarán. De la misma manera, mientras más se les excluya, más se resistirán.

Quizá el mejor modo de presentar cambios en un negocio es mantenerte firme en tus principios y, a la vez, buscar formas de hacer más eficientes las operaciones. Aunque es vital examinar cuidadosamente los cambios potenciales, en la mayoría de los casos debes ser fiel a los conocimientos básicos. En nuestro negocio, hemos desarrollado muchos artículos complementarios de maquillaje como el rubor y los delineadores labiales en los tonos y colores de última moda, pero siempre recordamos que nuestro punto fuerte es el cuidado de la piel. Aunque toda empresa debe ser innovadora, ninguna se atreve a permitir que sus cimientos se derrumben en un intento apresurado por adaptarse al cambio.

De hecho, durante los pasados 20 años, Mary Kay no ha hecho cambios significativos en su plan de mercadeo. Mientras las organizaciones competidoras ofrecen cientos o incluso miles de productos, siempre hemos tratado de limitar la cantidad de productos que vendemos para que las integrantes del cuerpo de ventas independiente puedan conocer bien cada artículo.

Nuestra meta es brindar apoyo al cuerpo de ventas independiente con productos competitivos, a tono con las tendencias y relevantes para un mercado en constante cambio. Para lograr esto, nuestros grupos de investigación y desarrollo se enfocan en identificar tecnología científica que se pueda utilizar para generar productos emocionantes, nuevos y originales, o generar beneficios para los productos. Escogemos lo mejor de esta tecnología y la usamos para refinar o mejorar nuestros productos actuales o, si es más apropiado, elaborar un producto completamente nuevo. La variedad de productos se mantiene lo más sencilla posible. Independientemente de si se mejora un producto de nuestra línea o se crea un producto completamente nuevo, la meta es explicar el producto y sus beneficios al cuerpo de ventas independiente de manera que los puedan entender fácilmente. Ello ayuda a asegurar que tengan confianza en el producto y se sientan cómodas explicando sus beneficios a las clientas.

Cuando presentamos un nuevo producto, con frecuencia tomamos las sugerencias del cuerpo de ventas independiente. Con cientos de miles de consultoras de belleza independientes usando y vendiendo productos del cuidado de la piel y maquillaje Mary Kay® a millones de mujeres, las ideas no faltan. Cada semana, el equipo de mercadeo analiza numerosas ideas. Entonces, el equipo de mercadeo pide las sugerencias y comentarios de varios integrantes del cuerpo de ventas independiente. Con estos comentarios y sugerencias, se presentan conceptos a otros departamentos, entre ellos, investigación y desarrollo, manufactura y jurídico. El propósito es involucrar la mayor cantidad posible de personas.

Una idea que llevamos a través de todo este proceso implicaba la modificación de nuestra base. Las investigaciones llevadas a cabo en la industria de los cosméticos han reconocido desde hace tiempo que este producto goza del más alto nivel de lealtad del consumidor. Por lo tanto, la resistencia al cambio —de parte de las consultoras de belleza o las clientas— podría haber tenido un impacto significativo en nuestra posición en el mercado. Siete mil individuos dentro del cuerpo de ventas independiente participaron directamente en pruebas y evaluaciones del cambio propuesto. Cuando la gente participa a este nivel, se convierte en *su* proyecto. Cuando es su proyecto, la aceptación es mucho mejor que si sólo les presentas un nuevo producto y les señales: "Toma. Ve a vender esto".

Demasiadas compañías hacen eso, ¡y no funciona! Demasiados líderes le dicen a su gente: "Esto es lo que queremos que vendas. Nosotros nos ocupamos del resto". No importa lo viables que puedan ser las propuestas, esta actitud crea resistencia. La gente quiere sentir que ha contribuido a aquellas cosas que afectan su vida. Cuando no es así, se sienten desairados y manipulados.

Esto me recuerda la reacción inicial de un esposo cuya esposa llega a casa y anuncia que ha invertido los ahorros de la familia en la bolsa de valores. Probablemente, él no aceptará la validez de la decisión ya que no lo consultaron. Una mujer reaccionaría de manera similar si su esposo la "sorprendiera" aceptando una invitación para compartir sus vacaciones de verano con unos amigos. De haberle consultado, quizá a ella le hubiera encantado la idea, mas como actuó por su cuenta, ella se resiste.

A menudo implementamos ideas que surgen al consultar con nuestra gente. Recuerdo un caso que comenzó como un *problema* de personal. Tenía una empleada en la oficina que con frecuencia llegaba a trabajar varios minutos tarde. Era una empleada excelente, pero en un año los minutos que perdía cada día resultaron ser una buena cantidad de tiempo. No importaba cuántas veces le pedía que fuera puntual, ella continuaba llegando tarde. Finalmente, tuve que *insistir* y dejar claro que su puesto estaba en peligro.

"Mary Kay, sencillamente no puedo llegar al trabajo a las 8:30 —explicó—. Tengo cuatro niños que despertar, darles su desayuno y llevarlos a la escuela, y el más pequeño no sale de la casa hasta las 8:30".

Hablamos sobre el problema y le pregunté si tenía alguna sugerencia. "Si sólo pudiera llegar al trabajo a las 10 de la mañana y trabajar hasta las 6 —solicitó—. De esa manera, puedo estar en casa hasta que los niños se vayan a la escuela y evitar apresurarme para llegar al trabajo". Esto fue mucho antes de la aceptación de los horarios flexibles y pensé que era una idea muy creativa, la cual pudimos acomodar en ese entonces por ser una organización pequeña.

Teníamos un problema real y la animé a participar en el proceso para encontrar una solución. Si sólo hubiese anunciado un cambio en su horario de trabajo, probablemente hubiese resentido la idea y su trabajo se hubiese visto afectado. En lugar de ello, apoyó la idea y nunca más tuve problemas de puntualidad con ella.

Busca el apoyo de los de arriba y de los de abajo

También es aconsejable para las buenas líderes obtener el apoyo de la alta gerencia. De la misma manera que una gerente podría preguntarle a su personal "¿Qué piensan?" o "¿Qué quieren?", ella es inteligente al buscar el apoyo de gerentes de más alto nivel que ella. Por ejemplo, podría decirle a su jefe: "Necesito tu ayuda. Llevas mucho tiempo en este negocio y tus conocimientos serían muy valiosos". Es increíble la manera tan favorable en que responde la gente cuando les pides sus consejos (y lo valiosos que éstos pueden ser). Durante sus carreras, las líderes deben continuar pidiéndoles consejos a sus mentores: "¿Qué piensas de esto?" o bien, "Hicimos lo que sugeriste y está funcionando bien, pero necesito tus consejos para resolver otro problema". Es difícil imaginar *no* tener el apoyo de alguien cuando esa persona te ha dado consejos desde que desarrollaste la idea hasta que la implementaste. Sin embargo, aquí vale la pena hacer una advertencia: cuando pides los consejos de tu gerente y no los sigues, asegúrate de comunicarle tus razones para no hacerlo e invítalo nuevamente a participar.

Cuando digo que a todo el mundo le gusta que lo incluyan en proyectos nuevos, yo también me incluyo. Una vez, durante una reunión se anunció que se estaba considerando hacer un cambio a uno de nuestros productos. Me sentí como una tonta sentada allí mientras alguien de mercadeo explicaba el cambio porque no tenía conocimiento previo del mismo. En el siguiente receso, me acerqué al empleado y le dije:

—¿Por qué nadie me informó sobre esto? Ésta es la primera vez que escucho acerca del cambio que están proponiendo.

—Te consultamos, Mary Kay. Te lo mencionamos hace como un año y medio.

—¿Un año y medio? —respondí—. No recuerdo que me lo hayas mencionado.

—Lo siento —dijo disculpándose—, pero estabas muy ocupada en ese momento, así que no volví a mencionártelo después de ese breve encuentro.

Aunque sus intenciones eran buenas, mi reacción inmediata fue ser el abogado del diablo y darle todas las razones por las cuales no funcionaría la idea. Me di cuenta de que me estaba resistiendo. ¿Por qué había reaccionado de esta manera? Porque yo también apoyo lo que *yo* ayudo a crear. ¡Igual que todos los demás!

Las mujeres y el cambio

Las personas a veces comentan que, dado que el cuerpo de ventas independiente está compuesto mayormente por mujeres, debemos enfrentar más resistencia a los cambios que en otras compañías. Creo que es sumamente injusto suponer que las mujeres se resisten al cambio más que los hombres. De hecho, opino que puede ser cierto todo lo contrario. Hoy, cuando una mujer que llega a una edad madura y sus hijos dejan el hogar, muchas veces está lista para un gran cambio en su estilo de vida. Quizá siente que ha cumplido con su papel tradicional de criar a sus hijos y comenzará a pensar en términos de otra carrera. Creativamente, ella está en su mejor momento a la misma edad en que quizá la creatividad de él está en picada. Frecuentemente, él cobra conciencia de la seguridad y el solo pensamiento de un cambio grande en su carrera lo aterra. En lugar de esto, quizá esté más interesado en quedarse donde está, con el ojo puesto en la jubilación.

Sin embargo, considero que es especialmente importante confiar en las mujeres. El hecho es que muchas mujeres líderes creen que antes se les excluía del "club de los chicos" que existe a puerta cerrada en algunas organizaciones. Muchas mujeres me han confesado que esto les preocupa porque los hombres en su organización tienen conocimiento de cierta información que no está disponible para las líderes femeninas. Aunque, en muchos casos, estas preocupaciones son más imaginarias que reales, sí existen y se debe lidiar con ellas. Con esto en mente, recomiendo hacer un esfuerzo adicional para involucrar a mujeres líderes en las primeras etapas de cualquier proyecto nuevo. Éste es un principio que siempre he seguido y las mujeres parecen florecer en este ambiente.

Adaptarse a los cambios es una cualidad admirable en cualquiera, hombre o mujer, que desee triunfar en los negocios. No obstante, creo que el cambio no necesariamente implica progreso. El cambio por el mero hecho de cambiar podría no mejorar nada excepto tus probabilidades de tener una desilusión. Sin embargo, si definitivamente el cambio es necesario, debes hacerle frente a la situación. Considera cuidadosamente todas las opciones, evalúa las ventajas y desventajas, y luego sigue el camino que te parezca mejor. Si no parece haber una opción viable, deja las cosas como están hasta que tengas una mejor opción. ¿Para qué salir de casa si no tienes adónde ir?

En Mary Kay, *sí* consideramos cuidadosamente los cambios. Además, sabemos que la gente reacciona favorablemente a los cambios que ella ayuda a crear. Aunque hoy el cuerpo de ventas Mary Kay independiente es uno de los más grandes del mundo, hacemos el mayor esfuerzo por obtener todo su apoyo antes de lanzar un producto nuevo. En ocasiones, ello podría retrasar el lanzamiento de ese producto, incluso más de lo que preferiríamos, pero estamos dispuestos a aceptar el retraso porque creemos que es sumamente importante que la gente se sienta involucrada en la decisión. Cuando llegamos a lanzar el producto, ¡se ha convertido en *su* producto!

Las directoras nacionales de ventas independientes
hablan hoy sobre los principios Mary Kay

Una amiga de Mary Kay vino a la primera sede de la compañía en 1963 a ayudarle a colgar unas cortinas y se quedó para convertirse en la primera consultora de belleza independiente, la primera directora de ventas independiente y una de las primeras dos directoras nacionales de ventas independientes. **Dalene White** de Estados Unidos cree que promover personas que ya están dentro de la organización asegura que entiendan verdaderamente el producto, al igual que la gente, el propósito, la política, la filosofía y la cultura.

Este sentimiento resuena en todos los que forman parte de la empresa, desde los pioneros hasta los más jóvenes. "En nuestro negocio, es importante saber qué motiva a una persona. La gente trabajará arduamente por el propósito que les apasiona *a ellos*. No por el tuyo, sino el de ellos —dice **Dacia Wiegandt** de Estados Unidos, quien también ha adaptado una de las técnicas de Mary Kay del capítulo 6 y la ha puesto en práctica—. Siempre hago críticas entre dos gruesas rebanadas de elogios para ayudarlas a crecer".

"Es más fácil hacer aquello que entendemos —aseguran las directoras nacionales de ventas de **Kazajstán** en su respuesta colectiva a nuestra encuesta—. La autopresentación nos permite entender y estar orgullosas de nuestro negocio. Cuando llevas a cabo un estudio de compañías exitosas, llegas a entender que es la gente la que las lleva al éxito. Mary Kay creía que 'cuando encuentras buenos especialistas, hay que hacer todo lo posible por asegurarte de que se queden'".

"Desde los inicios de la compañía, Mary Kay nos hizo sentir como si todo se fuera a paralizar si nosotros faltáramos. Fuimos parte de la creación de la organización de cosméticos más famosa del mundo", nos cuenta **Carolyn Ward** de Estados Unidos, quien se siente inspirada al ver cómo se ha transmitido este principio a otros.

"Crecemos cuando llegamos a conocer a alguien que podría ser diferente a nosotros y tratamos de entender su experiencia de vida. Ponemos atención a los méritos de distintos tipos de personas para poder apreciar y animar a cada uno —indica **Nan Jiang** de China—. Al desarrollar mi equipo hemos desarrollado un gran vínculo en nuestros corazones. ¡Es un sentimiento maravilloso!"

Sue Kirkpatrick de Estados Unidos usaba esta técnica cuando sus hijos eran pequeños. "Cada año después del seminario, siempre nos sentábamos con nuestros hijos, hablábamos de nuestras metas para el año nuevo y asegurábamos su apoyo. Tenemos muchos recuerdos gratos de cómo el involucrar a mi familia ha sido fundamental en el éxito de mi negocio. Pienso que esto fue un gran factor en nuestro éxito. Todos trabajábamos unidos: mi equipo, sus familias y mi familia".

11 Una filosofía de puertas abiertas

La puerta de mi oficina siempre está abierta. Es una invitación abierta para cualquiera que quiera verme. Lo mismo es cierto en todas nuestras oficinas corporativas. En un día normal podríamos tener docenas de visitantes, consultoras de belleza y directoras de ventas independientes haciendo recorridos por nuestra sede en Dallas. En ocasiones, nos sobresalta el rápido destello de un *flash* en una puerta, pero creemos que éste no es un alto precio que pagar a cambio de contar con un ambiente relajado y amistoso.

Las puertas se abren en ambas direcciones

Comunicar nuestra imagen corporativa sería razón suficiente para mantener una filosofía de puertas abiertas; sin embargo, hay otro motivo más práctico para hacerlo. Las puertas se abren en dos direcciones. Las puertas abiertas también nos dan la oportunidad de conocer verdaderamente a nuestra gente.

Somos una compañía de "persona a persona", no de "oficina a título".

Y por eso no hay títulos en las puertas de las oficinas de nuestra sede corporativa. Mi hijo, Richard, y yo empezamos esta práctica hace 20 años cuando éramos los únicos ejecutivos y, si el jefe de la junta directiva y el presidente todavía no necesitan tener elaboradas placas con sus nombres en la puerta, los demás ejecutivos también se las pueden arreglar sin ellas.

Asimismo, fomentamos un ambiente amistoso y relajado llamándonos por nuestro primer nombre. He trabajado para personas que, incluso después de varios años, insistían en que se utilizara la palabra "señor" para dirigirse a ellos. Nunca pensé que fuera necesaria tanta formalidad, así que en mi propio negocio siempre he insistido que me llamen "Mary Kay". Claro que, cuando comenzamos con la compañía, mi hijo apenas tenía 20 años. Se hubiera sentido muy incómodo si lo llamaban "Sr. Rogers". Pero ahora, 20 años después, todos aún nos llaman Mary Kay y Richard.

Una vez al mes, les damos la bienvenida a los nuevos empleados con una reunión de orientación. Tenemos los acostumbrados discursos formales de bienvenida con varios jefes de departamento explicando los beneficios y políticas de la empresa.

Para mí, lo mejor de esta reunión es cuando puedo pasarme una hora conociendo a nuestros más recientes integrantes del personal. Recuerdo que cuando comenzamos estaba involucrada en el reclutamiento, contratación y capacitación de casi todo el mundo. Ahora los grupos son demasiado grandes para procesarlos individualmente y las dificultades de la administración de personal son muy complicadas, pero la gente sigue siendo gente, y mis sentimientos de orgullo y responsabilidad por cada empleado nuevo son tan intensos hoy como lo fueron con la primera persona que contraté.

Inicialmente, el grupo no sabe qué esperar y se mantiene muy callado y un poco tenso. Les doy un corto y caluroso saludo y después, de manera informal, les cuento la historia de cómo comenzó nuestra compañía. Siempre les explico que nuestro sueño era enriquecer la vida de todos los que trabajan para ella, no sólo económicamente sino emocional y espiritualmente. ¡Y deseamos que siga siendo así! Les explico que queremos que disfruten de su trabajo y que sus ideas y comentarios son bienvenidos. Luego de mis breves comentarios, los invito a que me cuenten algo sobre ellos.

Invariablemente, siempre hay alguien que comienza una pregunta diciendo:

—Sra. Ash…

—Por favor, llámame Mary Kay —le digo—. Si me llamas Sra. Ash, pensaré que estás enojado conmigo o que no sabes quién soy. Así que, por favor, llámame Mary Kay.

A continuación les comento: "No quiero que piensen en mí como la jefa de la junta directiva, piénsenme como su amiga".

Por último, justo antes de que se vayan, les aseguró: "Si alguna vez necesitan hablar conmigo, quiero que sepan que mi puerta siempre está abierta".

Mary Kay Inc. mantiene la firme creencia de nuestra fundadora de que nuestra gente es nuestro activo más importante. La compañía continúa esta tradición establecida por Mary Kay Ash con un programa dedicado a dar la bienvenida a los empleados y compartir nuestra filosofía corporativa, costumbres y tradiciones. Nuestro programa de orientación de tres días para nuevos empleados ha sido un factor esencial, desde hace tiempo, para proveer conocimientos específicos e influir en las actitudes de los empleados más recientes de Mary Kay. Menos cambios en el personal, aumento en la productividad y vínculos más fuertes son sólo algunos de los beneficios de ayudar a que los nuevos empleados se sientan valorados y dispuestos a asimilar sus nuevos trabajos con mayor facilidad.

Con cientos de miles de consultoras de belleza independientes, es imposible para mí hablar con todas las que tengan alguna pregunta o problema. Por esta razón, tengo personal administrativo cuya responsabilidad de tiempo completo es ayudarme con la correspondencia y las llamadas telefónicas que recibo. Mis asistentes administrativos primero intentarán transferir las llamadas a las personas más calificadas para manejarlas. Cuando una consultora de belleza solicita hablar conmigo, Jennifer Cook o Erma Thomson le pregunta el motivo de la llamada y le explica que, debido a que la compañía ha crecido tanto, ya no puedo manejar todo personalmente. Luego, le ofrece transferir la llamada a la persona responsable de esa área específica. Sin embargo, si sólo yo puedo contestar la llamada, Jennifer o Erma me la transfiere.

Recibí una llamada de una joven de Michigan que ilustra este tipo de casos.

—¿Mary Kay?

—Sí, habla Mary Kay. ¿Puedo ayudarte en algo?

—Mary Kay, estoy deprimida —declaró la joven.

—¿Te pasa algo? ¿Hay algún problema con tu familia? —le pregunté.

—No, no. No es eso. Es sólo que no me va bien en mi negocio.

Hablamos durante un rato y finalmente le dije:

—Hagamos lo siguiente. Vamos a tener un concurso especial sólo para ti. Quiero que reserves 10 demostraciones de productos de belleza para la semana próxima y después de que las hagas, quiero que me llames y me cuentes cómo te fue.

—¿*Diez* clases?

—Así es —respondí—. Quiero que llames a cada anfitriona en tu agenda y le digas que acabas de hablar con Mary Kay. Dile que he iniciado un concurso para ti y luego hazle saber cuánto deseas ganarlo. Finalmente, pídele que sea una de tus anfitrionas la semana próxima.

Por lo que me había dicho, ya sabía cuál era su problema. Hacía sólo una o dos demostraciones al mes. Sabía también que alguien que ya había sido anfitriona sería más receptiva a su petición y esto aumentaría sus probabilidades de reservar más demostraciones. Pensaba que le iría bien si tenía suficiente exposición. Sólo necesitaba desarrollar confianza en sí misma.

—Mary Kay, haré el mayor esfuerzo posible, pero últimamente no he tenido mucha suerte.

—Te irá bien —le aseguré—. Recuerda hablarles sobre el concurso y decirles que acabas de hablar conmigo. Estoy segura de que te irá bien y quiero que me llames después y me cuentes cómo van las cosas. Buena suerte.

Al final de la semana siguiente, me llamó para informarme que había logrado 748 dólares en ventas. Aunque no logró figurar entre los primeros lugares de ventas de la semana, rompió por mucho su propia marca. Aunque no había reservado 10 demostraciones, estaba feliz y parecía que se había librado de su depresión.

Una buena líder debe ser parte de un equipo

Hace poco, el esposo de una directora nacional de ventas independiente estaba muy enfermo y yo sabía lo triste que ella estaba. La llamé al hospital y le dije: "Ahora tu lugar está junto a tu esposo. Concéntrate en hacer todo lo posible por tu esposo y no te preocupes por el negocio. Tienes mujeres muy competentes en tu unidad. Ellas conocen la situación y están dispuestas a trabajar muy duro por ti para demostrarte su afecto. Estamos orando por ti y quiero que sepas que si hay algo que pueda hacer por ti, sólo tienes que pedírmelo". Creo que cuando enfrentas una crisis familiar, la familia tiene prioridad sobre la carrera.

Un empleado me explicó una vez lo mucho que agradecía trabajar para una organización que se preocupa por sus trabajadores.

—Qué distinto a mi antiguo jefe —me confesó—. Un sábado en la mañana iba en mi auto. Pasé por su casa y lo vi podando el césped. Mi familia y yo éramos nuevos en la ciudad, así que me alegró mucho ver una cara conocida. Estacioné el auto en la entrada de su garaje y bajé el vidrio para hablar con él: "¿Cómo está? Qué casualidad, —le dije— somos vecinos. Vivo a dos cuadras de aquí".

—Antes de que pudiera decir una palabra más, me informó: "Vamos a dejar las cosas claras. El hecho de que trabajemos juntos no significa que vamos a socializar como vecinos. Nunca socializo con un subordinado, así que le agradeceré que en el futuro no venga a mi casa".

—Mary Kay —continuó—, estaba totalmente desconsolado. Y aunque actué como si nada hubiese ocurrido cuando lo vi el siguiente lunes en el trabajo, había perdido todo el entusiasmo por mi empleo.

Me espantó ver que un ser humano pudiera tratar a otro de esa forma. Todo lo que podía hacer era reafirmarle que estaba segura de que nadie en Mary Kay se comportaría de esa manera. "De haber sido uno de nuestros empleados, se hubiese ofrecido a cortar tu césped después de terminar el suyo", añadí bromeando.

Aunque suene difícil de creer, algunos gerentes mantienen intencionalmente una política de "puertas cerradas". Conozco a un agente de bienes raíces local que nombró a su joven e inexperto hijo como gerente de ventas de su corporación. Decidió que ya no estaría activo en el área de su negocio de bienes raíces residenciales y le indicó a sus 22 agentes que su hijo sería ahora su supervisor directo. El agente de bienes raíces no sólo se rehusó a contestar todas las llamadas de sus agentes de ventas, también cerró la puerta de su oficina para que no lo molestaran con sus visitas. Una agente que llevaba 12 años en la empresa me contó lo que pasó cuando ella y este agente se encontraron al llegar al trabajo. Inocentemente, le hizo una pregunta sobre el financiamiento de una propiedad que estaba tratando de vender. Él literalmente le gritó: "No vuelva a hacerme una pregunta jamás. No quiero escuchar nada sobre el negocio. Ya no tengo absolutamente nada que ver con nadie en la oficina".

El hijo, igual que su padre, también mantenía su puerta cerrada, pero por una razón distinta: el trabajo estaba más allá de sus capacidades. Como se sentía totalmente incompetente e inseguro, se escondía del cuerpo de ventas. La filosofía de puertas cerradas de la firma fue un total fracaso. Al cabo de un año, el cuerpo de ventas se había reducido a tres vendedores: ¡los tres más débiles que no podían encontrar puestos con otra firma de bienes raíces! La filosofía de puertas cerradas ocasionó el cierre de lo que antes había sido un negocio próspero.

Me importa mucho la gente con la cual trabajo en nuestra compañía. A diferencia de muchos ejecutivos cuyas inseguridades los hacen sentir incómodos expresando sentimientos de cariño hacia sus asociados, yo no creo en esconder los míos. Cuando los más altos ejecutivos de una organización grande se sienten así, eso se filtra en toda la corporación. Por ejemplo, cuando llego al trabajo diariamente, siempre les hablo afectuosamente a los guardias de seguridad y a todas las demás personas que veo en el vestíbulo. Aunque nuestra compañía ha crecido tanto que ya no puedo llamar a todos por sus nombres, sonrío y saludo calurosamente a toda persona con la que me encuentro.

¿Alguna vez has visitado una oficina en donde parece que nadie se habla? Es como estar en una tienda departamental llena de extraños. He visitado empresas donde la gente nunca se molesta en saludar y parece que se enfocan en sus asuntos y se ignoran unos a otros. ¡Nunca adivinarías que trabajan para la misma compañía! En nuestro edificio siempre hay una conversación. "Hola, ¿cómo pasaste el fin de semana?" o "¿Cómo viste a los Cowboys el domingo?" "¿Cómo les fue ayer en la fiesta de cumpleaños de tu hija?" ¡Aunque no se conozcan es muy probable que entablen una conversación!

Eso me recuerda cuando un hombre vino a nuestro vestíbulo y se sentó sin preguntar por nadie. La recepcionista se le acercó y le preguntó: "Señor, ¿puedo ayudarle en algo?"

"No, gracias señora. Sólo entré aquí para recargar mis pilas. Sabe, visito distintas oficinas todo el día y con frecuencia la gente es tan poco amistosa. A veces son groseros. Pero cuando vengo aquí, todos están contentos y sonrientes". Hizo una pausa por un momento y continuó: "Es como salir al sol, me hace sentir tan bien".

Es como salir al sol. Eso me gusta porque de eso se trata nuestra filosofía de puertas abiertas. Queremos que todos los que entran en contacto
con nosotros sientan nuestro calor.

Las directoras nacionales de ventas independientes hablan hoy sobre los principios Mary Kay

Mireya F. de Narváez tiene una política de puertas abiertas con
su equipo y siempre las guía con su ejemplo, incluso en el tocador
de damas de un restaurante. "Estábamos asistiendo a un evento
juntas y charlábamos sobre Mary Kay cuando tres mujeres entra-
ron al baño. Comenzaron a preguntar sobre los productos. Antes
de que pudiera darme cuenta, tenía reservaciones para tres clases.
Mi equipo vio esto y aprendió", afirma Mireya, una lectora voraz
quien descubrió a Mary Kay en un artículo sobre negocios de
una revista y leyó este libro antes de decidirse a iniciar su negocio
Mary Kay.

"En este negocio, necesitamos ser afectuosas y amistosas. Tenemos
que ser gente con la cual las personas puedan relacionarse, estar
siempre disponibles y ser prácticas y genuinas —señala **Rena
Tarbet** de Estados Unidos—. Ser distante, arrogante y retraída
sencillamente no funciona", declara esta sencilla mujer, quien ha
desarrollado un negocio muy exitoso mientras libra una batalla de
32 años contra el cáncer.

Mary Kay Ash ha recibido mucho crédito por ayudar a la mujer
a ser exitosa en los negocios y el crédito ha sido bien merecido
según **Jean Santin**. "Nos enseñó el negocio, pero también nos
enseñó a ser generosas y a saber que es bueno ser una líder
afectuosa, amable y 'de corazón'. Paso la mayoría de mis días
ayudando a personas no sólo en su negocio, también en sus
vidas".

12 Ayuda a los demás a obtener lo que deseen y obtendrás lo que tú desees

La justificación más importante para tener un negocio es servir a los demás. Cada negocio debe construirse sobre esta premisa, porque querer ganar dinero o el deseo de "jugar" a tu pasatiempo favorito no es suficiente para sostener un proyecto de este tipo. El negocio debe satisfacer una necesidad.

La labor de todos debe concentrarse en esta meta. Por lo tanto, como líderes, nuestra primera preocupación debe ser ayudar a los demás. Como resultado de esto, si tu atención está dirigida a ayudar a los demás, recibirás tu recompensa. Me gusta recordarles a las directoras de ventas independientes esta verdad cuando me piden que autografíe billetes de un dólar para darlos como premios a sus consultoras de belleza independientes. Junto a mi nombre escribo "Mateo 25:14-30", la cita de la parábola de los talentos. La parábola nos dice que usemos y desarrollemos los talentos que Dios nos ha dado y que, al hacerlo, Dios nos otorgará más. Creo desde lo más profundo de mi corazón en esta filosofía y siempre la he aplicado a lo largo de toda mi carrera en los negocios.

Cuando comenzó Mary Kay, quería crear una compañía que le diera a la mujer la oportunidad de lograr cualquier meta que ella se fijara. Era igualmente importante crear un producto que ayudara a la gente. Nuestros productos del cuidado de la piel sí ayudan a la mujer a lucir hermosa por fuera y sentirse hermosa por dentro. Creía que si podíamos alcanzar estos dos sueños, tendríamos éxito. Pensaba tan fervientemente que ayudar a los demás era la motivación más importante para comenzar un negocio que hice caso omiso de las advertencias de mi contador y de mi abogado.

Mi contador miró los pronósticos financieros y advirtió: "Mary Kay, tu escala de comisiones nunca va a funcionar. ¡Es sólo cuestión de tiempo para que te declares en bancarrota!"

Mi abogado me tenía el mismo consejo: "Mary Kay, no tienes experiencia en el negocio de los cosméticos y eres abuela. ¡No tires a la basura los ahorros de toda una vida!"

Ellos eran expertos en finanzas, así que escuché atentamente sus consejos, pero decidí seguir adelante. No es que fuera terca, todo lo contrario. Sencillamente, creía tan fervientemente que ayudar a los demás era un principio de negocios válido que estaba dispuesta a jugarme todo mi futuro por él.

Ahora, igual que en aquel entonces, todo lo que cualquiera en el cuerpo de ventas independiente hace para tener éxito está basado en ayudar a los demás. Las consultoras de belleza ayudan a las clientas y las directoras de ventas ayudan a sus equipos a alcanzar el éxito. Nuestra cultura anima a cada persona a ayudar a los demás para poder avanzar por la escalera del éxito. El individuo que sólo piensa: "¿Cómo me beneficio yo?", nunca alcanzará el éxito en nuestra compañía. Creemos sinceramente que si ayudas a suficientes personas a obtener lo que *ellas* desean, ¡obtendrás lo que *tú* deseas! En mi opinión, las personas que alcanzan el mayor éxito son aquellas que han ayudado a una mayor cantidad de gente a desarrollarse.

Una directora de ventas Mary Kay independiente anima a cada mujer en su unidad a alcanzar el éxito. No debe temer que alguien en su equipo tenga un desempeño superior al de ella y, de esta manera, sea una amenaza para su carrera. Esto no es cierto en la mayoría de los negocios. Con frecuencia, el éxito de un trabajador puede llevar a que éste sustituya a su propio gerente. Conozco al gerente de una compañía de seguros local que vive en temor constante por esta posibilidad. Sabe que, como tiene cincuenta y tantos años de edad, tendría problemas para reubicarse en otro lado. La filosofía de la empresa es contratar sólo un gerente por cada mercado e insisten en ascender a alguien del mismo territorio en lugar de transferir a alguien de otro territorio. Aunque al gerente siempre le ha gustado la idea de que su corporación nunca lo transferiría o traería a alguien para reemplazarlo, ¡ahora hay dos jóvenes trabajadores estrella que quieren su trabajo! Por consiguiente, hace todo lo posible por evitar que dejen las ventas y busquen un puesto como gerente en la organización. Sospecho que incluso los hostigaría hasta el punto de hacerlos renunciar con el propósito de proteger su trabajo.

Es triste cuando una compañía pone a su gente en una posición como ésta. A la larga, todos pierden, incluso la empresa. Aunque aún hay opciones, la gente inteligente debe evitar caer en esta trampa y buscar una organización que anime a su gente a ayudarse unos a otros para que así todos puedan encontrar satisfacción en sus trabajos.

Con frecuencia, el retrato que se pinta de la gerente femenina de hoy es el de una mujer muy calculadora y totalmente despiadada, que se aferra con sus garras a cada peldaño de la escalera corporativa para ascender y se lleva por delante a cualquiera que se cruce en su camino. Algunas veces, se dice que se comporta de esta manera porque se siente insegura en un mundo de hombres. Siempre está en guardia; siempre se siente amenazada. Creo que esta imagen es injusta para las mujeres. Lamentablemente, dado que es raro que una mujer reciba un ascenso más rápido que un hombre, todo lo que hace en su trabajo se acentúa. En mi opinión, un ambiente hostil en una compañía sacará a la luz las cualidades más indeseables de ambos sexos. Cuando una mujer juega siguiendo las reglas que los hombres han establecido (como usualmente se ve obligada a hacer), su comportamiento se observa cuidadosamente. Quizás escuchen tanto a hombres como mujeres decir: "Pero no se supone que una mujer se comporte así". No importa hasta qué punto se justifiquen estas críticas, creo que la culpa la tienen las corporaciones que fomentan una competencia brutal como política.

Los buenos siempre llegan primero

"Los buenos siempre llegan al último". Este conocido refrán inmortalizado por el fallecido representante de equipos de beisbol Leo Durocher implica que hay una correlación entre ser buena persona y ser un perdedor. Mucha gente piensa que esto es verdad porque se ha repetido con mucha frecuencia. Por desgracia, puede convertirse en una profecía que se cumplirá por su propia naturaleza.

Los medios de comunicación han distorsionado la imagen de los líderes de negocios modernos enfocándose en reportajes sensacionalistas de crímenes de cuello blanco. Con demasiada frecuencia, las maravillosas obras filantrópicas de nuestros líderes de negocios no reciben suficiente cobertura. Los periódicos están ansiosos de publicar el escándalo más reciente en Wall Street, pero ignoran las enormes contribuciones a la biblioteca o el parque público de la ciudad. Las películas y la televisión siguen perpetuando la imagen del hombre de negocios fumador de puros, despiadado y mercenario.

Piensa en los gerentes que aparecen en la mayoría de las películas. El mensaje llega claro y contundente: ¡El éxito y la decencia no se mezclan! Son los malos los que manejan los negocios en este país, con o sin sus puros humeantes.

Pregúntale a un hombre en la calle su opinión sobre los líderes de negocios y sus comentarios probablemente no sean muy halagadores. Sin embargo, pregúntale si conoce personalmente a alguien que haya estado al mando de un negocio exitoso y podrías oírle decir:

—Sí, conozco al presidente de la compañía ABC.

—¿Qué tipo de persona es él?

—Es una buena persona.

—¿Conoces a alguien más?

—El presidente de la junta directiva de la Compañía XYZ. Es una de las personas que más admiro.

Y así, sin importar la experiencia personal, el público estadounidense todavía percibe a quienes han ascendido a la cima de la escalera corporativa de manera poco halagadora. Considero que esto es una distorsión de la realidad. Conozco personalmente a docenas de exitosos jefes ejecutivos de la junta directiva de empresas prestigiadas y la mayoría de ellos son seres humanos honrados y compasivos. Creo con toda sinceridad que la gente decente tiene muchas más probabilidades de alcanzar el éxito en los negocios que los sinvergüenzas y que quienes les gusta intimidar a los demás. Una líder que maltrata a la gente terminará a cargo de una fuerza laboral llena de gente infeliz, negativa y sin motivación. Como su líder, ¡sencillamente no logrará nada!

El éxito de una buena líder se refleja en el éxito de su gente

Puedo decirles que en Mary Kay una directora de ventas independiente con motivaciones egoístas finalmente fracasará. Para tener éxito con su negocio debe pensar en términos de lo que es positivo para su gente, no para sí misma. Si una directora de ventas trata de manipular a la gente, seguro que tarde o temprano fracasará. Su éxito, igual que el éxito de cualquier otro líder, depende exclusivamente del de su gente. Sólo si de verdad se interesa por sus consultoras de belleza va a lograr que ellas *quieran* mejorar su desempeño. Y si no quieren, no lo harán. Es así de sencillo. Aunque tanto los hombres como las mujeres se sienten muy motivados por un líder afectuoso, en mi experiencia, las mujeres por lo general responden más rápidamente a ello que los hombres. Quizás es la sensibilidad de la mujer lo que la hace más receptiva a este trato afectuoso. Ella tiene más probabilidades de actuar impulsada por las emociones que por la razón.

A menudo es el afecto, no las ganancias, lo que impulsa a un equipo a mostrar una lealtad inmensa a una directora de ventas que la merece. Por ejemplo, una nueva directora de ventas tuvo serios problemas personales que la llevaron a una disminución de su producción durante dos meses consecutivos. A menos que el volumen de ventas mejorara durante el tercer mes, estaba en peligro de perder su puesto de directora de ventas. Para empeorar las cosas aún más, esto ocurrió durante el mes de enero en el cual se registraron temperaturas muy frías que rompieron todas las marcas y mantuvieron a todo el mundo encerrado en su casa. Al final de la tercera semana del mes, su producción quedó corta.

Esta directora de ventas es una persona encantadora y muy querida por las mujeres de su unidad. Sabiendo las serias consecuencias que enfrentarían si la producción de esa semana final bajaba aún más, dos de sus consultoras de belleza tomaron la iniciativa de llamar a las demás mujeres de su unidad. Les explicaron a todas que si cooperaban y cada una hacía su parte, la unidad se mantendría intacta. Así que por mera lealtad a la directora de ventas, la unidad completa trabajó unida para aumentar la producción de unidad.

Una fuerte motivación de este tipo que nace de la lealtad, con frecuencia sale a la luz cuando los compañeros de trabajo tienen fuertes lazos emocionales con una líder que respetan y quieren. Resalto la palabra *querer* porque obviamente la gente no acude a ofrecer su apoyo a una líder en problemas ¡si no la quieren! La lealtad no es algo que se da a una líder automáticamente. No es un gaje del oficio. Es necesario ganársela. Así que en los tiempos difíciles, una persona que no tiene el cariño de los demás, no recibirá el apoyo necesario de sus integrantes de equipo. En lugar de ello, podrían estar deseando que las cosas le salgan mal.

Es indispensable darse cuenta de que ser una "buena persona" no implica que un líder es bueno porque él o ella dice que sí a todo. Una buena líder debe poder decir que no cuando esa es la única respuesta, pero debe ser sutil y firme a la vez. Por ejemplo, no puede dar aumentos de salario no merecidos por el mero hecho de aumentar su popularidad, pero tampoco puede negar una petición de aumento de sueldo con acusaciones horrendas como: "No sólo te voy a *negar* el aumento, tampoco creo que tu trabajo valga lo que te pago *ahora*". Una mejor manera de rechazar una petición como ésta podría ser evaluar la productividad de la persona y las necesidades de la compañía, y luego, con tacto, negar el aumento sustentando la decisión en el desempeño de la persona. Algunas personas tienen habilidad para decir que no con tanta consideración que la persona a quien se dirigen no se ofende en lo más mínimo. Estos líderes podrían añadirle incluso un toque de ánimo y decir: "Vamos a sentarnos a ver qué tienes que hacer durante los próximos 12 meses para merecer un aumento de sueldo".

Algunos líderes evitan decir que no porque no quieren hacerle daño a nadie. No hacen nada, con la esperanza de que el problema desaparezca de alguna forma. Sin embargo, un buen manejo de personal no radica en evitar la confrontación cediendo ante la gente pues es señal de debilidad. ¡Quizás *ese* tipo de buena persona sí llega al último!

Dentro de corporaciones bien administradas y en desarrollo, las buenas líderes sólo pueden probar su valía ayudando a los demás. Idealmente, prosperar en este tipo de compañías viene como resultado del crecimiento: las oportunidades surgen a medida que se desocupan puestos. Por lo tanto, las buenas líderes deben desarrollar personas para llenar los puestos vacantes que surgen debido a ascensos y a la creación de nuevos puestos. En ese sentido, el éxito de una líder se refleja en el éxito de su gente.

Creo en un pasaje de las Sagradas Escrituras que afirma: "A todo aquel a quien mucho se le ha dado, mucho se le demandará". Una buena líder sabe que es su trabajo ayudar a otros dentro de la organización. También, sabe que el mejor modo de ayudar a otros es fortaleciéndolos para que puedan ayudarse a sí mismos. De hecho, si ayudas a las personas hasta el punto de hacerlas dependientes de ti, ¡probablemente terminarás haciéndoles daño y luego se resentirán contigo por ello!

Hay una vieja historia sobre gansos canadienses que migraban miles de millas cada invierno a un clima cálido y regresaban cada primavera a los campos que rodeaban una pequeña aldea canadiense. Los aldeanos amaban estos hermosos pájaros y cada año esperaban ansiosamente su regreso. Una primavera, debido a un clima más frío de lo acostumbrado, el suelo estaba congelado y no había comida visible disponible para los gansos salvajes. Anticipando su regreso, los aldeanos regaron comida afuera de sus casas y construyeron albergues. La intención era ayudar a los gansos a sobrevivir hasta que comenzara el clima más primaveral.

Estaban tan contentos de ver el gusto con que esos gansos aceptaron su ofrenda que continuaron proveyéndoles alimento durante la primavera y el verano. Sin embargo, cuando llegó el otoño, los gansos salvajes no volaron hacia el sur como siempre lo habían hecho. En vez de ello, habían engordado tanto que sus alas no podían levantar sus pesados cuerpos del suelo. A medida que enfrió el clima, caminaban con su vaivén a los albergues que los aldeanos les habían construido y cuentan que jamás volvieron a volar.

Queremos ayudar a la gente, pero no queremos cometer el mismo error que los aldeanos canadienses. Siempre digo que cada consultora de belleza debe asegurar su propia supervivencia. Nosotras le ayudamos a lograrlo dándole aliento a través de una educación intensa.

Cada consultora de belleza tiene acceso a un programa educativo en la compañía que destaca el conocimiento de los productos, las destrezas de relaciones interpersonales, los procedimientos de negocios y la administración del tiempo. Además, desarrollamos una Clase Marcapasos para la cual las directoras de ventas seleccionan a sus integrantes de equipo con mejor desempeño y les ayudan a ganar una gratificación muy especial de la compañía: el uso de un auto VIP. Al ayudar a cuatro consultoras de belleza a ganar el uso de sus autos, la directora de ventas obtiene el uso de su propio símbolo de superioridad: un nuevo Cadillac rosado.

En 1969, las cinco directoras de ventas independientes más destacadas recibieron sobre el escenario las llaves del Cadillac rosado. Ahora, el Programa del auto profesional Mary Kay es legendario alrededor del mundo. El programa es tan reconocido que un Cadillac rosado es símbolo de Mary Kay, incluso para quienes no saben nada más sobre la compañía.

Como ya he mencionado, el premio máximo otorgado a las vendedoras más destacadas en nuestra organización es un gran abejorro de diamantes. Creemos que el abejorro es un símbolo perfecto, ya que los ingenieros aerodinámicos "demostraron" hace muchos años que ¡el abejorro no puede volar! Sus alas son demasiado débiles y su cuerpo es muy pesado. Por fortuna, el abejorro no lo sabe y sigue volando. En Mary Kay le enseñamos a la gente cómo abrir sus alas y volar por sí misma. No puedo pensar en una mejor manera de ayudar a la gente.

Las directoras nacionales de ventas independientes hablan hoy sobre los principios Mary Kay

"Nuestro éxito debe ser resultado de los éxitos individuales de la gente que dirigimos —afirma **Nan Stroud** de Estados Unidos, quien guarda un conmovedor recuerdo del día en que Mary Kay visitó su ciudad. Manejaba con mucho orgullo de vuelta a su casa junto a Mary Kay y al llegar encontró su casa en llamas—. Ese día, su ejemplo de ser una persona que resuelve los problemas que enfrenta dejó una gran impresión en mí".

"Bueno, primero que nada, ayudar a los demás a tener éxito ciertamente nunca se siente mal. Si sabes lo que quieren los demás y puedes ayudarles a lograrlo, al hacerlo, tú también creces. No hay situación más ventajosa para ambas partes —dice **Eloisa Johnson** de Brasil, quien dejó un exitoso negocio Mary Kay en Estados Unidos para convertirse en pionera en su país natal, donde llegó a ser la primera directora nacional de ventas—. Mary Kay es una organización muy especial porque la fundadora y ahora sus líderes entienden la importancia de cada paso y ló recompensan como corresponde".

En las oficinas corporativas de Mary Kay en Shanghai, citas de las líderes más destacadas del cuerpo de ventas en China adornan el área del legado, donde una gran pared cuenta la historia de la compañía. Incluso al traducirlas, estas expresiones describen con reverencia los principios aprendidos de Mary Kay Ash que son evidentes en esta cita de **Xin Ling Liu** de China: "Es posible que algunas personas íntegras y de buen corazón no tengan éxito, y a veces, hay gente exitosa que quizás no sea tan íntegra, ni tenga tan buen corazón. Pero las vidas de esas personas íntegras y de buen corazón seguramente serán hermosas y perfectas una vez que tengan éxito".

"Me he dado cuenta de que es más importante aplaudir y ver a mi equipo recibir reconocimiento que recibirlo yo. Estoy muy orgullosa de eso" —advierte **Elena Martiniuc** de Moldavia.

13 Aférrate a tus principios

En los negocios, todo está sujeto a cambios —la gente, los productos, los edificios, la maquinaria, todo— excepto los principios. Thomas Jefferson decía que, en cuestiones de principios, debes mantenerte firme como una roca y, en otros asuntos, nadar en favor de la corriente. De modo que, aunque abogo intensamente por la flexibilidad, cuando se trata de principios, tenemos que mantenernos firmes.

Pero, ¿qué sucede cuando tus principios son incompatibles con los de la compañía para la cual trabajas? Si es así, entonces es necesario un cambio: ¡o bien los principios de tu compañía o los de tu trabajo!

Durante mi etapa previa a Mary Kay, cambié varias veces de trabajo porque estaba en contra de los principios de varios patrones para los que trabajaba. Había ciertas prácticas que sencillamente no podía tolerar. Para empezar, no podía creer que el cerebro de una mujer valiera 50 centavos, si un hombre recibía un dólar por el mismo trabajo. También, me parecía inaceptable que a una mujer competente la pasaran por alto para un ascenso porque era mujer.

Traté de comprender el punto de vista de la otra persona y además soy realista; tenía tres hijos que mantener. Con el bienestar de mi familia siempre en mente, mi primera reacción era tratar de entender y luego tratar de influir en la actitud de mi patrón.

Hay ocasiones en las que tus principios personales quizás no estén en armonía con los de tus compañeros de trabajo, pero buscar otro empleo sin antes tratar de resolver el problema sería una reacción exagerada.

Por ejemplo, ¿qué tal si tus compañeros de trabajo utilizan regularmente un lenguaje que te parece ofensivo? Sin embargo, tú deseas trabajar en un ambiente amistoso y tranquilo. ¿Qué puedes hacer entonces? ¿Quejarte? ¿Enfadarte? ¿Unirte al grupo? Creo que lo peor que podrías hacer es unirte al grupo para que te acepten. Eso sería poner en serio peligro tus principios. Tampoco debes quejarte continuamente o actuar con resentimiento. En cambio, debes hacerle saber a los demás que el lenguaje obsceno te ofende y entonces continuar con tus deberes. Al servir de modelo por tus principios, podrías ganarte el respeto de alguien más y animarlo así a seguir tu ejemplo.

Una actriz que admiro se rehusó a hacer un desnudo en una escena de una película para la cual se le había contratado. Tras expresarle al productor sus sentimientos sobre la escena, él acordó cortar la escena del filme. Su respuesta inmediata no fue tratar de incumplir el contrato, sino intentar hacer un cambio compatible con sus principios.

Los principios que estoy discutiendo en este capítulo son problemas morales. A veces, la gente usa la palabra *principios* en términos muy generales cuando en realidad no es eso lo que quiere decir. Un hombre podría tener experiencia como contador y su gerente le pide que se enfoque más en las ventas. Él insiste: "No soy vendedor y no voy a trabajar en ventas. *Va en contra de mis principios*". El hecho de que un contador no quiera estar involucrado en las ventas no tiene absolutamente nada que ver con principios. Lo mismo es cierto sobre un vendedor que afirma: "Me opongo a hacer informes todos los días; *va en contra de mis principios*". De nuevo, el hecho de que al hombre no le guste el papeleo, no surge de sus principios. Menciono esta importante distinción porque mucha gente emplea incorrectamente la palabra *principio* para expresar una queja que no es más que algo que le gusta o le disgusta. No debes decir que algo va "en contra de tus principios" a menos que quieras implicar que te parece moralmente repulsivo.

Por desgracia, cuando la mayoría de las personas habla sobre principios no lo hacen de corazón. Para mí, la moral de una compañía completa sufre cuando sus líderes vociferan: "El cliente siempre es primero" ¡y luego no lo ponen en práctica! Muchos gerentes y vendedores afirman esto al momento de la venta, pero no se puede confiar en ellos para obtener servicio *después* de la misma. Cuando los empleados ven maltrato hacia los clientes, esto destruye su confianza, hiere su sentido de orgullo y les hace sentir vergüenza de estar vinculados con prácticas como éstas. Creo que es esencial que pongan en práctica lo que predican.

Una buena líder debe ser un ejemplo para los demás

Las buenas líderes deben ser un ejemplo para los demás. El no actuar de acuerdo con los principios que proclaman destruye la moral de sus asociados y menoscaba la credibilidad de la líder. Es lo mismo que siente el público cuando, por ejemplo, se descubre que oficiales electos son culpables de cargos criminales.

Nuestra compañía se fundó en ciertos principios básicos y siempre nos hemos sentido orgullosos de anunciarlos al mundo entero. Estábamos decididos a ofrecer una oportunidad maravillosa para que la mujer ganara tanto como le permitieran sus habilidades. Nos hemos comprometido a ser la mejor organización en el mundo orientada a la educación del cuidado de la piel y creo que, hoy en día, no hay otra empresa de cosméticos en el mundo que tenga tanta gente altamente calificada. Cientos de miles de consultoras de belleza verdaderamente se han hecho muy diestras en el campo del cuidado de la piel.

Tratar a las personas justamente las hace sentirse seguras

Otro principio que atesoramos es poner en práctica la Regla de Oro. Se aplica a cada decisión que tomamos. La gente se siente cómoda sabiendo que siempre recibirán un trato justo de nuestra organización. De hecho, con un cuerpo de ventas independiente de cientos de miles, debemos hacer un esfuerzo mayor para tratar a todos justamente. Dar trato preferencial a algunas personas causaría sentimientos amargos y resentimientos en toda nuestra corporación. De muchas maneras, considero que las mujeres son más sensibles que los hombres a la presencia o la ausencia del trato justo. Quizás sea porque las mujeres han sido víctimas con mucha frecuencia. Como consecuencia de ello, dado que tenemos uno de los cuerpos de ventas más grandes del mundo y puesto que la organización consta mayormente de mujeres, siempre estamos alerta a la necesidad de igualdad. Las mujeres y los hombres por igual se sienten seguros cuando se les trata con justicia y, en nuestra empresa, saben que pueden contar con esto.

Además, nuestra gente sabe que somos sinceros cuando les decimos que nuestras prioridades son: "Primero Dios, segundo la familia y tercero la carrera". Sí, nuestro equipo de líderes está integrado por personas trabajadoras, centradas en su carrera, pero con el paso de los años hemos demostrado que Dios tiene prioridad sobre la carrera. Hay muchas religiones representadas en nuestra compañía y todas las religiones nos enseñan que estamos en esta tierra para ayudar al prójimo. Sin embargo, aunque pienso que Dios ha sido fundamental en el crecimiento de nuestro negocio, tengo mucho cuidado de no predicar. Dado que nuestra gente proviene de muchas religiones, nunca trato de imponer mis creencias religiosas personales sobre los demás. No obstante, sí le hago saber a los demás que Dios es una parte muy importante de mi vida. Siempre he creído que cuando pones primero a Dios, segundo a la familia y tercero tu carrera, todo saldrá bien. Cuando cambias el orden de estas prioridades, ¡nada parece funcionar!

La familia primero que la carrera

Considero que las líderes deben respetar la santidad de la familia y la única forma en que, como líder, le harás saber a los demás esta prioridad es demostrando que eres un individuo enfocado en la familia que verdaderamente ama a su cónyuge y a sus hijos. Sin embargo, no basta con amar a tu familia; también debes pasar tiempo con ellos y hacerles saber que nunca sacrificarás su felicidad por tu carrera.

Me doy cuenta de que hay quienes se mofan de esta postura. Para ellos, "el trabajo es primero". Si una mujer se levanta en la mañana y descubre que su hijo está muy enfermo, este tipo de líder diría: "Consigue una niñera o haz otros arreglos. Tu lugar está en la oficina". Si un padre solicita que lo excusen una tarde para poder ir a ver a su hijo entrar a la Sociedad Nacional de Honor, un jefe cruel diría: "Ya habrá otras ceremonias de premios", pero creo que está mal pedirle a cualquiera que abandone a un hijo enfermo o se prive de estar presente en un importante acontecimiento familiar.

Siempre he trabajado a un buen ritmo con la energía que Dios me dio, lo cual me calificaría como adicta al trabajo. No obstante, cuando mis hijos estaban creciendo, *sus* necesidades estaban primero que mi trabajo y es que, precisamente *ellos*, eran mi motivación para trabajar arduamente, durante largas horas. Nosotros fomentamos que el cuerpo de ventas trabaje con este mismo equilibrio.

Entiendo a los patrones que desean asegurarse de que recibirán "un día completo de trabajo" de cada empleado. Pero confiamos en que la gente sea tan justa y responsable con su trabajo como nosotros lo somos con el nuestro. Por eso, en Mary Kay nos complace cuando la gente pone en tercer lugar su carrera después de Dios y la familia. ¡Creemos que así debe de ser!

No hace mucho tiempo se reforzó el valor de este principio en la forma más personal posible. Siete semanas antes de su muerte, nos dijeron que mi amado esposo, Mel Ash, tenía cáncer. Fue un periodo que cambió mi vida por completo. Inicialmente no sabíamos la gravedad de su enfermedad y Mel me animó a que continuara mi trabajo como de costumbre, pero yo no quería dejarlo. Me pasaba la mayor parte del día sentada a su lado y, cuando él tomaba una siesta, me iba a mi escritorio a trabajar en asuntos urgentes.

El año anterior, me habían invitado a dar una plática en la Convención de la Federación General de Clubes de Mujeres que se llevaría a cabo en St. Louis. Miles de personas ya habían hecho reservaciones para asistir y sabía que contaban conmigo. Mel dijo que él iba a estar bien y que debía asistir, mas yo estaba en un dilema entre mi responsabilidad con él y mi responsabilidad con mi compromiso. Entonces, recordé mi principio que tantas veces había citado, una de las piedras angulares de nuestra compañía: Primero Dios, segundo la familia y tercero la carrera. La directora nacional de ventas independiente Dalene White fue a St. Louis en mi lugar y me representó con gracia y habilidad, pero incluso sin la disponibilidad de una sustituta tan competente, creo que mi mayor responsabilidad era con mi esposo.

La responsabilidad con nuestros clientes también es relevante en nuestra empresa. Mantener la calidad de los productos es un principio que se honra en Mary Kay. La excelencia en los productos siempre ha sido una prioridad y siempre será una de las metas principales de la organización. Producimos todos nuestros cosméticos para que cumplan con los estándares establecidos para la industria farmacéutica, los cuales son más altos que los requeridos para cosméticos. Aunque no se nos requiere cumplir con reglamentaciones tan rigurosas, preferimos someternos voluntariamente a los más altos criterios de calidad posibles. A la larga, las palabras que no están apoyadas con hechos llevan al fracaso, pues al fin y al cabo lo que se afecta es la aceptación del producto por parte del público.

En un año normal, Mary Kay Inc. gasta millones de dólares y realiza más de 300,000 pruebas para asegurarse que cada producto Mary Kay® cumpla con los estándares más altos de seguridad, calidad y desempeño. Dado que llevamos a cabo o supervisamos cada paso del ciclo del producto, desde la idea inicial y la creación de la fórmula hasta la distribución, cada nuevo producto debe pasar por una serie de rigurosos procedimientos de investigación y pruebas del consumidor. Los científicos de Mary Kay efectúan pruebas de seguridad, calidad, estabilidad, pureza, eficacia en la piel, uso del producto, desempeño y, claro está, aceptación del consumidor. Habitualmente, Mary Kay va más allá de los requisitos de ley cuando se trata de la seguridad de los productos.

Haz de la excelencia en los productos una prioridad

No sólo nos sentimos orgullosos de nuestros productos, ofrecemos una garantía del 100 por ciento de satisfacción o devolvemos el dinero en toda la mercancía que vendemos. Si la clienta de una consultora de belleza no está totalmente satisfecha y devuelve una porción del producto que no usó, recibirá un reembolso completo. Esto sucede aunque el recipiente esté vació o la consultora de belleza que hizo la venta original ya no esté en la compañía, independientemente del tiempo que haya transcurrido desde la fecha de la compra y hasta la solicitud de reembolso.

Hacemos productos excelentes, así que las solicitudes de reembolso afectan un porcentaje muy pequeño de las ventas totales. Nuestra política de reembolso es muy generosa porque queremos que las clientas estén felices y satisfechas con los productos y servicios que reciben. Queremos que las consultoras de belleza y los empleados de la compañía estén contentos y felices de lo que hacemos. Si cualquiera de ellos no está contento, todos sufrimos. Nuestro negocio se basa en satisfacer las necesidades de la gente. Ése es otro de los principios que rigen nuestro desempeño.

Las directoras nacionales de ventas independientes hablan hoy sobre los principios Mary Kay

"Cuando comencé mi negocio, estaba tan emocionada porque sabía que si cumplía con los requisitos, me podía ir bien. En otras situaciones de trabajo, la popularidad, antigüedad en el empleo, el género o incluso mi juventud en aquel momento, podían detener mi progreso. Pero no en Mary Kay", afirma **Anita Garrett-Roe** de Estados Unidos.

"La Regla de Oro es la única garantía de éxito", dice **Elvira Manthei** de Alemania, una ex funcionaria gubernamental que ha roto marcas de ventas y maneja un Mercedes rosado convertible.

"La buena reputación NO depende de las circunstancias", según **Holly Zick** de Estados Unidos.

Mei Gu de China advierte: "La gente crece para alcanzar la grandeza como resultado de una gran misión".

"Todo lo que es esencial para la compañía y su éxito continuo está en este capítulo. Una buena reputación y un juicio inquebrantable son buenos ejemplos de lo que continuará haciendo que nos destaquemos entre los demás", señala **Sherry Alexander** de Estados Unidos.

14 Cuestión de orgullo

Hace un tiempo, un popular columnista local redactó un artículo para la primera plana del *Dallas Morning News* que causó furor entre nuestra gente. Mientras manejaba camino al trabajo, el columnista vio en un auto una calcomanía que decía: "Pregúntame sobre Mary Kay Cosmetics". El artículo decía que la mujer que estaba al volante llevaba una bata de baño, tenía rulos en el cabello y no llevaba maquillaje. "¿Cómo puede esta mujer decirle a alguien cómo lucir hermosa?", escribió.

El artículo apareció un lunes por la mañana y para las 7 a.m. mi teléfono sonaba sin parar con llamadas de gente preguntando: "¿Viste el artículo sobre nosotros en la primera plana?" Como sabía que muchas consultoras de belleza independientes asistirían a reuniones en nuestra sede esa mañana, hice que colocaran una copia del artículo en todos nuestros tableros de anuncios. Sobre el artículo, en tipografía grande y en negrillas aparecía la pregunta: "¿Eres tú esta persona?" Luego, enviamos el artículo a las integrantes del cuerpo de ventas independiente de todo el país y les hicimos la misma pregunta.

Siéntete orgullosa de tu imagen

Como líderes, tomamos muy en serio nuestra imagen. Obviamente, la mujer que manejaba aquel auto no pensó en su imagen ni en la nuestra. Las integrantes del cuerpo de ventas independiente están de acuerdo en que siempre deben tener la mejor apariencia posible al presentarse en público. Una consultora de belleza debe hacer que otras mujeres *quieran* sentirse hermosas y ella debe predicar con el ejemplo. De hecho, el artículo terminó siendo provechoso para nosotros. Algunas personas quedaron muy conmocionadas con él porque les hizo darse cuenta de que ellas quizá también descuidaban su apariencia en alguna ocasión. Siempre he creído que el esfuerzo que una mujer hace por lucir de lo mejor es reflejo del orgullo que tiene de sí misma y esta expresión de orgullo en particular es esencial si estás en el negocio de la belleza.

Por fortuna, la mayoría de las personas que deciden comenzar un negocio Mary Kay ya tienen un gran sentido de orgullo. Aunque no estipulamos que sólo las mujeres atractivas y bien arregladas son elegibles, podrías llegar a esta conclusión si asistes a una reunión de las integrantes del cuerpo de ventas. El cuerpo de ventas Mary Kay independiente establece pautas que no permiten que ninguna de sus integrantes del cuerpo de ventas luzca desarreglada. Si alguien que se convierte en consultora de belleza Mary Kay no sigue esas pautas inicialmente, por lo general se esfuerza por mejorar rápidamente o se va de manera voluntaria.

Asimismo, el orgullo por la apariencia personal prevalece en nuestras plantas de manufactura. Al igual que nuestros trabajadores de la planta se enorgullecen de su apariencia, nosotros nos enorgullecemos de nuestras instalaciones a la vanguardia de la tecnología. Consideramos que nuestras instalaciones manufactureras son un lugar de interés que es ejemplo en la industria de los cosméticos y nos complace muchísimo cuando los visitantes nos piden un recorrido.

En todo el mundo, más de 150 instalaciones de Mary Kay ocupan más de tres millones de pies cuadrados de espacio. Las plantas de manufactura de la compañía en Dallas, Texas y Hangzhou, China, cuentan con áreas de empaque de productos, producción, laboratorios y almacenes con lo más avanzado de la tecnología. Aunque la eficiencia y la funcionalidad son clave al cumplir con las demandas del mercado, ponemos especial atención a la ima-

gen y el orgullo. Por ejemplo, el edificio de la sede mundial en
Dallas tiene un museo en su vestíbulo y la planta manufacturera
cuenta con un corredor alrededor de toda el área de producción
desde donde los visitantes pueden observar el proceso completo.
Además, hay áreas comunes en muchas oficinas Mary Kay alrededor del mundo que reflejan la cultura y el legado Mary Kay.

Nuestros empleados de manufactura comparten con nosotros su orgullo
por la compañía porque saben cuánto dependen de ellos las integrantes de nuestro cuerpo de ventas independiente para que produzcan
constantemente cosméticos de alta calidad. Cualquier artículo que no
cumple con nuestras especificaciones, no se venderá. A veces, duele ver
mercancía destruida, pero es necesario. Si un producto no es de la mejor calidad, no se venderá.

Estamos orgullosos de la calidad competitiva de nuestros productos,
mas nunca expresamos este orgullo con críticas hacia otras marcas de
cosméticos. Creemos que cuando denigras el producto de un competidor, cada golpe le da impulso a la otra compañía. Opinamos que una
crítica de este tipo no sólo dejaría mucho que desear de nuestro nivel
de profesionalismo, también estaría en conflicto directo con nuestra
filosofía de llevar un negocio según la Regla de Oro.

El orgullo contribuye a la moral

Un vendedor que trabaja para un fabricante de vestidos me comentó
que su compañía opera en forma muy distinta. "Mostramos nuestra
línea varios meses antes de que se fabriquen los vestidos que en realidad
vamos a vender —explicó—. Por esta razón, se hacen muestras especiales para poder presentar la línea. Usualmente, la calidad de las muestras
es muy superior a la del producto final, así que el comprador recibe
mercancía que, por mucho, no está tan bien hecha como los vestidos

que le mostraron". "Sencillamente, esto destruye la moral de todo el mundo —continuó—. Creemos que estamos engañando a la gente. Es tan vergonzoso cuando un cliente dice: 'Esto no fue lo que yo compré'. Sin embargo, el asunto va más allá de bajarle la moral al cuerpo de ventas. Toda la compañía se ve afectada. No obstante, la culpa realmente la tiene la administración que está dispuesta a gastar más dinero en muestras que en la mercancía que entrega". Estas tácticas tienen una influencia muy negativa en la moral de todos.

La vergüenza que este vendedor de ropa sentía se extendía a su familia. Ellos también estaban avergonzados de que él trabajara para un fabricante sin escrúpulos.

Una de las cosas que es motivo de gran orgullo en Mary Kay es la estima que nuestras familias le tienen a nuestra organización. Están muy orgullosos de que sus hijos, madres o padres estén asociados con Mary Kay. En cartas dirigidas a mí, las hijas de integrantes del cuerpo de ventas independiente dicen cosas como: "Faltan sólo seis años para que cumpla los 18 años de edad y pueda convertirme en consultora de belleza como mi mamá".

Mary Kay siempre sintió un gran orgullo de que tantas mujeres quisieran compartir la carrera que escogieron como consultoras de belleza independientes con miembros de su familia: tías, sobrinas, primas, etc. De hecho, a través de los años, muchas madres e hijas han disfrutado del desarrollo de sus negocios Mary Kay independientes, mientras aprenden la una de la otra y se apoyan mutuamente para alcanzar grandes éxitos para sí mismas. Shirley Hutton y Elizabeth Fitzpatrick fueron el primer equipo de madre e hija en convertirse en directoras nacionales de ventas independientes. Shirley, quien ahora es emérita, debutó en mayo de 1980 y Elizabeth en julio de 1994.

No hay nada más gratificante que saber que has tenido un buen día de trabajo. Hay un sentido de orgullo interno que viene de saber que has hecho un trabajo de primer nivel. Es el equivalente de ese maravilloso sentimiento que surge al sacar una puntuación alta en un examen, hacer un *putt* a 25 pies, lograr un aterrizaje perfecto en avión, hornear un delicioso pay de manzana o terminar una hermosa pintura al óleo. Una líder debe esforzarse por inculcar un sentido de orgullo en la gente, independientemente del tipo de trabajo que desempeñe.

Los artesanos, trabajadores de la línea de ensamblaje, vendedores y archivistas —al igual que los ejecutivos— disfrutan del orgullo por su trabajo. Todos necesitamos elogios de vez en cuando. Una actitud de que "no me importa" se asentará rápidamente si nuestros mejores esfuerzos pasan inadvertidos. El reconocimiento nos hace sentir orgullosos de nuestro trabajo y, en consecuencia, de nosotros mismos.

Una ejecutiva de una agencia de publicidad me mostró cómo podemos infundir orgullo en los demás. Elogió a uno de sus artistas por un diseño particularmente bueno. Le dijo: "Gracias, pero creo que hace falta retocarlo un poco para que esté perfecto". Luego, se pasó toda su hora de comida trabajando en él. "Nunca lo había visto trabajar durante la hora de la comida —comentó—. Sin embargo, con sólo un poco de elogio, de repente se convirtió en un perfeccionista y se esforzó por hacer un trabajo aún mejor".

En todas las actividades de nuestra compañía, nos esforzamos por alcanzar la excelencia. No importa lo que logremos, nunca estamos completamente satisfechos; siempre estamos buscando maneras de mejorar. Esta búsqueda de la excelencia está en todo lo que hacemos. Todas las personas asociadas con nosotros saben que la excelencia es sinónimo de Mary Kay Inc. y pienso que es esta actitud generalizada lo que desarrolla nuestra autoestima.

La palabra *excelencia* se ha usado tanto que ha llegado a tener distintos significados para diferentes individuos. Así, cuando por ejemplo nuestra gente de mercadeo trabaja para elaborar un nuevo folleto de

ventas, primero debe acordar las cualidades específicas que desea describir. Lo que queremos es establecer pautas de excelencia. Sin definirlas,
la excelencia específica que deseamos no queda clara. Pero cuando un
grupo de nosotros se reúne para intercambiar opiniones, surgen buenas
ideas, y éstas van mejorando hasta que se establecen pautas de excelencia que son aceptables para todo el equipo.

Considero que cuando la gente se esfuerza como equipo por alcanzar la excelencia aumenta el nivel de desempeño de todos. Nadie
quiere quedar mal con los demás. Todos desean contribuir. Cuando un
líder infunde este tipo de orgullo en la gente, se convierte en un factor
importante en el mejoramiento de su desempeño. El equipo de beisbol
de los Yankees de Nueva York tiene una bien merecida reputación de
excelencia. He oído decir que cuando un jugador se pone el uniforme
a rayas de los Yankees juega mejor beisbol. ¿Por qué? Porque está orgulloso de formar parte de un equipo con una tradición ganadora.

De la misma manera, el Cadillac se considera el sello distintivo de la
calidad en la industria automotriz de Estados Unidos. Por esta razón, les
otorgamos el uso de un Cadillac rosado a aquellas directoras de ventas
cuyas unidades alcancen cierto nivel de volumen de ventas. Cuando
la gente ve un Cadillac rosado, sabe que tras el volante va alguien que
ha alcanzado el éxito personal. Tener el auto inspira un gran orgullo.
Es muy raro ver uno abollado o incluso sucio. De hecho, las mujeres
se enorgullecen tanto del auto que con frecuencia lo estacionan en la
entrada del garaje en lugar de guardarlo en él.

Es una gran bandera

El orgullo que sentimos por nuestro trabajo en nuestra empresa es similar al que sentimos por nuestro país. Estamos orgullosos de ser estadounidenses y queremos que todos lo sepan.

Hace algunos años, durante su discurso de clausura en uno de nuestros seminarios anuales, mi hijo Richard expresó nuestro patriotismo
con estas palabras:

"A través de los años, he dado muchos discursos sobre nuestro sistema de libre empresa. Creo que nuestro sistema de libre empresa es importante porque sin él ustedes no estarían aquí. Yo no estaría hablando ante ustedes. Mary Kay no existiría y el sueño Mary Kay nunca se hubiese convertido en realidad.

"La libre empresa significa distintas cosas para distintas personas. Para mí, significa libertad individual, lo cual implica libertad económica individual, como la imaginaron los padres de nuestra patria. Los primeros líderes de esta nación estaban decididos a establecer una ciudadanía libre arraigada en la ley natural de la oferta y la demanda con intervención mínima de las autoridades estatales y federales. Ellos imaginaron el derecho de todo el mundo de alcanzar el éxito o el fracaso de acuerdo con su iniciativa, dinamismo y habilidades. Hemos avanzado mucho como nación desde que los padres de nuestra patria idearon este sueño originalmente. Somos mucho más sofisticados. Hemos crecido y capitalizado en el sistema de la libre empresa y hemos establecido un estándar de vida *nunca* antes conocido por la humanidad.

"Después de dar de comer a todos en Estados Unidos, los granjeros estadounidenses exportan 60 por ciento de su trigo y su arroz al resto del mundo. También producen más de la mitad de la cosecha total de trigo del mundo entero. Los granjeros estadounidenses han logrado esta estupenda hazaña, aunque desde 1940, el número de granjas y trabajadores de granjas ha disminuido en dos tercios. De hecho, a pesar de que hay menos granjas y granjeros, la producción estadounidense ha aumentado un 75 por ciento durante ese tiempo".

A pesar de que este mensaje es de uno de los primeros discursos de Richard, sólo han cambiado las cifras. Nuestra fe en nuestra nación siempre ha sido firme. Cuando él habló, mis ojos se llenaron de lágrimas. Me sentí orgullosa; orgullosa de mi hijo y de ser estadounidense y pienso que todas y cada una de las 7,500 personas que llenaron a capacidad el Centro de Convenciones de Dallas compartieron ese orgullo. Estados Unidos ofrece oportunidades ilimitadas.

Este discurso es sólo uno de cientos que se han hecho ante el público Mary Kay con un fuerte tono patriótico. Sé que en algunos círculos no se considera de buen gusto ondear la bandera en reuniones de la compañía. Yo no estoy de acuerdo. Creo que ésta es una emoción saludable y un mensaje que no se puede repetir con demasiada frecuencia.

En todos los mercados en que Mary Kay opera su negocio, tratamos de infundir un profundo orgullo por la cultura y tradiciones Mary Kay, al igual que las de cada nación. Con frecuencia, se comenta que el mensaje de Mary Kay no sólo es atemporal, sino universal, ya que trasciende fácilmente barreras lingüísticas, culturales y geográficas.

El sueño americano se hace realidad

Creo con firmeza en el sueño americano. Mary Kay es prueba viviente de que sí puede hacerse realidad. Mi historia sólo pudo haber sido posible en Estados Unidos. Cuando la empresa abrió sus puertas en 1963, me rehusé a escuchar a esa gente negativa que predecía mi fracaso. Mi contador me dijo que no había "suficientes centavos en cada dólar" para la escala de comisiones que estábamos proponiendo. Mi abogado escribió a Washington para pedir una lista de todas las compañías de cosméticos que se habían ido a la quiebra ese año. Durante nuestro segundo mes tras la fundación de la compañía, un fabricante de cosméticos me hizo una oferta: "Mary Kay, te pagaré una cantidad mínima por tus fórmulas porque *nunca* vas a salir adelante". Otros "expertos" financieros insistieron en que no podíamos operar una organización de ventas directas sin ofrecer una línea de crédito al cuerpo de ventas independiente.

Los adivinos hicieron sus profecías de que estaba destinada al fracaso. Sin embargo, yo estaba decidida a hacerlos quedar mal. Las probabilidades estaban en mi contra y seré la primera en admitir que había muchas cosas que no sabía, pero *sí* estaba convencida de cuatro cosas:

- La gente apoyará lo que ayude a crear.
- En este gran país *no hay límites* a lo que un individuo puede lograr.
- Si se le da la oportunidad, la mujer es capaz de un desempeño superior.
- Estaba dispuesta a trabajar arduamente y por largas horas para implementar mis convicciones.

Los anales de la historia de los negocios en Estados Unidos están llenos de "sueños imposibles" que se han hecho realidad. Creía en esos sueños y, más importante aún, creía en *mi* sueño.

A través de los años, he contado mi historia a miles de mujeres. Siempre he creído que es positivo que sepan que si una mujer jubilada con nietos puede establecer un negocio exitoso, ellas también pueden hacerlo. Siempre he considerado que el cuerpo de ventas independiente es un microcosmos del sistema de libre empresa estadounidense. Independientemente de edad, género, religión, raza, educación o experiencia de trabajo, todas las que se unen al cuerpo de ventas Mary Kay como consultoras de belleza entran en el negocio al mismo nivel que otras consultoras de belleza. Literalmente, ellas se convierten en presidentas de sus propias compañías. Después les ayudamos ofreciéndoles herramientas que pueden ayudarles a alcanzar el éxito. En el verdadero espíritu de la libre empresa, cada mujer gana en su negocio de acuerdo con lo que esté dispuesta a invertir. Ella es su propia jefa y nadie le dice cuándo trabajar o si debe trabajar o no. Si tiene iniciativa propia y aprovecha los conocimientos disponibles para ella, puede desarrollar rápidamente un negocio exitoso.

Hay millones de personas en la industria de las ventas directas y la mayoría son mujeres. Considero que esto desmiente cualquier mito de que las mujeres tienen miedo de emprender un negocio. Estas mujeres dispuestas a afrontar riesgos y con capacidad comprobada de tener iniciativa propia son empresarias en todo el sentido de la palabra. Mientras escribo esto, más de la mitad de los activos de Estados Unidos son propiedad de mujeres. Por el contrario, en el resto del mundo las mujeres son dueñas de apenas una décima parte de los activos; en este momento, dos terceras partes de ellas son analfabetas.

Durante su vida, Mary Kay Ash pudo alcanzar su sueño de ofrecer a la mujer de todo el mundo la oportunidad de ser dueña de su propio negocio. Actualmente, los productos Mary Kay® se venden en más de 35 mercados alrededor del mundo. Muchas de esas mismas mujeres faltas de servicios y de empleos adecuados sobre las cuales escribió en este libro han aprendido sobre el sistema de la libre empresa y cómo emprender un negocio con la oportunidad de Mary Kay en sus propios países. Mujeres desde Asia hasta Europa y desde el norte hasta el sur de América, comparten metas básicas similares: su mejoramiento personal y el de su familia.

En algunos países, las mujeres están tan oprimidas que podrían arrestarlas ¡por descubrir sus rostros en público! No hace falta decir que, en comparación con las mujeres de otros países, las mujeres en Estados Unidos tienen enormes oportunidades.

En algunos círculos, es común el insistir en los defectos de Estados Unidos. Ciertamente, no es una nación sin fallas, pero creo que hoy día existe la necesidad de que todos nos opongamos al negativismo y hagamos énfasis en las *virtudes* de nuestro país. Los escépticos me dicen que tuve suerte de haber empezado mi negocio cuando lo hice y alegan que ahora es más difícil alcanzar el éxito. Yo creo lo contrario. Hoy en día existen más oportunidades, especialmente para la mujer, que en cualquier otro momento de la historia. Además, han surgido más oportunidades para todos en las áreas de la educación, la tecnología y las artes. La gente se queja diciendo: "Las cosas ya no son como eran en 'los buenos tiempos' ". Recuerdo cuando la década de 1950 eran "los buenos tiempos". En diez años, ¡estos tiempos van a ser "los buenos tiempos!" Siempre *ha habido* y *habrá* oportunidades. Sencillamente, tienes que aprovecharlas.

Crea oportunidades

De vez en cuando escucho decir a algún jubilado a quien no le alcanza el dinero: "Sabes, nunca he tenido suerte. Pude haber logrado algo o llegar a ser alguien, si sólo me hubiesen dado una oportunidad".

Esto me resulta difícil de aceptar. Pienso que todos los estadounidenses tienen incontables oportunidades, pero no puedes sentarte a esperar que esas oportunidades toquen a tu puerta. Debes *hacer* que las cosas ocurran. Es lamentable cuando personas competentes en nuestro gran país de las oportunidades no están dispuestas a esforzarse lo suficiente para aprovechar las oportunidades que les esperan. Nuestra nación ofrece tanto a tanta gente...

Si les parece que estoy ondeando un poco mi bandera, así es. Considero una bendición haber nacido en Estados Unidos. También, creo que cada líder que comparte esta gran emoción de patriotismo debe levantarse y anunciarla al mundo. No seas tímido al hacerle saber a los demás cómo te sientes. Es bueno que tu gente te escuche hablar sobre las cosas buenas que tiene Estados Unidos. Es bueno para tu compañía. Y, más importante aún, ¡es positivo para el país!

Asimismo, opino que cada líder exitoso tiene la obligación de ser un buen "ciudadano corporativo". Si mantienes una postura responsable en tu compañía, debes tener un compromiso aún mayor con las instituciones culturales, educativas y filantrópicas de tu comunidad. Estas actividades no sólo ampliarán tus horizontes a través de un intercambio saludable de ideas con otros líderes de negocios en tu área, tus esfuerzos también servirán como un buen modelo para los demás. La mejor manera de darle algo al país que tanto te ha dado es ayudando a construir un lugar mejor en donde todos podamos vivir.

A través de los años, Mary Kay Inc. ha continuado obrando de acuerdo con este profundo mensaje atemporal que fue una de las piedras angulares de nuestra fundación. Contribuir a tu comunidad es un sello distintivo de la cultura Mary Kay, la Compañía y la Fundación Caritativa Mary Kay Ash, la cual estableció nuestra fundadora para ofrecer programas de apoyo comunitario en todo Estados Unidos a causas a tono con nuestra misión. Las subsidiarias de Mary Kay alrededor del mundo han continuado con esta iniciativa a través de esfuerzos filantrópicos en sus propios mercados.

Las directoras nacionales de ventas independientes hablan hoy sobre los principios Mary Kay

"Durante el proceso de desarrollar mi negocio, recuerdo que di el 110 por ciento para ayudar a las demás a alcanzar sus metas. Ofrecer mi tiempo, energía y conocimientos como siempre recomendaba Mary Kay sí dio frutos. ¿Qué pasó? Querían que alcanzáramos el éxito tanto por ellas mismas como por el resto del área. Cada persona vivió la experiencia de formar parte de algo más grande que sí mismas. Sintieron tanto orgullo de estar asociadas con lo que lográbamos", dijo **Lise Clark** de Estados Unidos, ganadora del concurso de belleza de Miss Nuevo México y que aprendió por experiencia propia una gran lección: "Tu manera de liderar se la transmites a todas las personas con las que estás en contacto".

Ke Tang de China ve el orgullo como una forma de "expresar nuestra gratitud por la vida".

Graciela Ardiles de Argentina recuerda uno de los periodos más difíciles de su vida: "Mi sonrisa, mi fuerza, mi moderación pasaron por la prueba más importante de mi vida. Creía que mi responsabilidad como líder era enseñar a los demás con mi propio ejemplo. Mary Kay me enseñó que debido a todo lo que viví cuando me dejó mi esposo, podía ayudarles a otras mujeres a ser fuertes, creer en sí mismas, disfrutar de su independencia y lograr la autonomía económica. Hoy día cuando escucho a mis hijos hablar con orgullo de su madre y lo que ha construido, sé que mi fortaleza surgió de este libro".

15 No te duermas en tus laureles

En el libro *Alicia en el país de las maravillas* de Lewis Carroll, la Reina Roja le da este consejo a Alicia: "Para quedarte en el mismo sitio tienes que correr lo más rápido que puedas y, si quieres llegar a alguna parte, ¡debes correr dos veces más rápido!"

Aunque Carroll no pensó en el mundo de los negocios actual, su consejo aplica de igual manera. Tienes que "correr lo más rápido que puedas" para llegar a ser líder, pero debes correr "dos veces más rápido" si quieres progresar. En Mary Kay Inc., expresamos ese pensamiento así: "No te duermas en tus laureles, porque nada se marchita más rápido que los laureles sobre los que alguien se ha dormido".

En una carrera sólo se puede ir hacia delante o hacia atrás, pero no puedes quedarte parado. Todos deben tener un programa de mejoramiento personal de por vida para mejorar continuamente sus destrezas.

A medida que planeas tu programa, creo que es aconsejable recordar las siguientes pautas:

- Acepta el cambio

- Conoce a profundidad cada aspecto de tu negocio

- No olvides las destrezas básicas con las que comenzaste

- Mantén una perspectiva clara de tu persona y nunca te permitas sentirte "más importante que tu trabajo"

- Comparte tus ideas con otros, eso ayudará a que tanto tú como tus ideas crezcan.

Igual que en todos los negocios, el campo de los cosméticos cambia continuamente. Las transiciones en los estilos de vida, la tecnología y los eventos sociales traen cambios en forma constante. Nuestro compromiso es buscar ideas y métodos nuevos de modo continuo para mejorar nuestra línea de productos y esforzarnos siempre por ser líderes mundiales en la belleza y el cuidado de la piel. Esta búsqueda de la excelencia exige que nuestros líderes trabajen incansable y continuamente. Todos tienen que mantenerse al día con los últimos acontecimientos de su área de especialidad.

Como mínimo, una líder debe esforzarse por mantener el nivel de la tasa de crecimiento de su compañía. Si por ejemplo, tu empresa tiene una tasa de crecimiento anual de 25 por ciento, debes preguntarte: "¿Ha aumentado mi desempeño en un 25 por ciento durante el año pasado?" Si la respuesta es no, tu pregunta debe ser: "¿Qué puedo hacer para aumentar ese crecimiento?" Y no olvides que si tomas en consideración la inflación, un año sin crecimiento representa crecimiento negativo.

Conoce a fondo tu negocio

Queremos que las integrantes del cuerpo de ventas independiente sean expertas en el cuidado de la piel. Una persona verdaderamente profesional debe *conocer* a fondo su negocio desde todos los ángulos. Después de todo, hoy en día la mujer está mejor informada en todos los aspectos de su vida y ello incluye el tema del cuidado de la piel. Si una consultora de belleza independiente no está bien preparada para sus clases del cuidado de la piel, ¡sus "estudiantes" podrían saber más que ella sobre el tema! Las consultoras de belleza alcanzan este nivel de conocimiento a través de materiales autodidactas, estudio en el aula y experiencia de primera mano.

Al principio, la nueva consultora de belleza debe suponer que nosotros sabemos más que ella sobre el negocio de los cosméticos. Por lo tanto, debe considerar seguir al pie de la letra las instrucciones de su directora de ventas independiente. Después de todo, la compañía y su directora de ventas están de su lado, apoyándola. A través de los años, desarrollamos herramientas para el éxito que han funcionado para miles. Nadie esperaría que un estudiante conozca el álgebra sin aprender primero matemáticas básicas. La misma lógica aplica en nuestro negocio y en cada negocio: tienes que dominar las destrezas básicas antes de poder progresar. Pero progresar no significa que abandones lo básico. ¡Demasiada gente se encuentra en aprietos cuando se aleja de las destrezas básicas que la llevaran al éxito en sus comienzos! Una y otra vez, he visto tanto a vendedores como a líderes tener un comienzo brillante y luego tambalearse más adelante. ¿Por qué? Porque no continuaron siendo fieles a los principios básicos.

En una ocasión, recibí una llamada de una integrante del cuerpo de ventas que estaba a punto de darse por vencida. "Mary Kay, rompí todas las marcas durante los primeros tres meses en el negocio, pero mis últimas clases del cuidado de la piel han tenido muy pocos resultados y parece ser que ya no puedo hacer reservaciones". Ya había escuchado esto en muchas ocasiones, así que sabía qué preguntas hacerle. Tras varios minutos de conversación, me enteré de que había dejado de hacer todas las cosas que le habían funcionado tan bien cuando inició como consultora de belleza nueva.

—No, ya no digo eso —contestó cuando le pregunté si estaba usando nuestros materiales básicos y después me contó cómo había modificado casi todas las técnicas que había aprendido originalmente—. Eso suena raro, Mary Kay, como si no fuera yo, repetía cada vez que le hacía una pregunta.

—Ha funcionado para tantas otras personas —le señalé— y te funcionó a ti cuando *tú* lo empleaste.

Le pedí que me prometiera que trataría de hacer las cosas a nuestro modo y le dije que me llamara la próxima semana. Cuando hablé con ella de nuevo, estaba contenta de decirme que todo había mejorado.

"He aprendido mi lección, Mary Kay, y ya no me suena raro. ¡Ahora siento que son *mis palabras!*" Esta mujer llegó a convertirse en una directora de ventas independiente destacada.

Igual que en otras organizaciones importantes, tenemos una fórmula para desarrollar consultoras de belleza Mary Kay independientes que se ha comprobado a través del tiempo y que si se sigue, sí funciona. Pero también sugerimos ampliar aún más tus horizontes. En cualquier trabajo, la manera más fácil de comenzar es aprender todo lo que puedas sobre tu negocio. Lee los boletines y revistas de tu compañía. Saca tu manual básico y reléelo. Creo que te sorprenderás al ver cuánta información hay allí y cuánta olvidaste o no leíste bien la primera vez. El tiempo que pasas manejando un auto también puede ser un buen momento para escuchar herramientas de instrucción y motivación. Asimismo recomiendo asistir a seminarios y conferencias para así tener la oportunidad de conocer personas exitosas en tu campo que comparten sus historias. Te sorprenderá la gran disposición de los expertos para compartir sus historias de éxito. Esto los hace sentir importantes. La gente exitosa, igual que los demás, llevan el *letrero invisible* que dice: *Hazme sentir importante.* Considero que la gente exitosa en cada campo se suscribe a un programa de mejoramiento personal de por vida. Los doctores prominentes dedican horas cada semana a leer publicaciones médicas; los abogados leen publicaciones jurídicas; los maestros leen materiales educativos y los contadores leen las últimas revisiones a las leyes de impuestos. Los profesionales destacados en todos los campos van a seminarios regularmente. Al alcanzar el éxito, una persona no puede dormirse en sus laureles. Él o ella debe seguir adelante. Un campeón de boxeo sabe que no puede irse a descansar después de ganar la pelea por el título. Los actores no pueden confiar en que sus éxitos anteriores los mantendrán bajo el reflector. Una vez que llegas a la cima, debes trabajar más duro que nunca para quedarte ahí.

Conozco al fundador de una compañía de seguros que se hizo extremadamente rico, pero el éxito se le subió a la cabeza. Dejó de crecer, sus pensamientos se volvieron anticuados y su compañía dejó de ser innovadora, cualidad que la había llevado al éxito. Hoy en día, la empresa ha perdido su posición de líder en la industria porque el jefe ejecutivo de la junta directiva está obsoleto.

En una ocasión, el ex contralor de una gran corporación vino a pedirnos empleo. Durante la entrevista, nos enteramos de que, aunque había disfrutado de una carrera exitosa en su juventud, había desarrollado su departamento hasta el punto de delegar *todo*. Estaba bien delegar sus responsabilidades en otras personas, pero olvidó crecer con ellos. No se mantuvo al corriente de los cambios en su área. Cuando la organización computarizó sus operaciones, nunca se molestó en aprender nada sobre la nueva tecnología y cómo los haría más eficientes. Con el tiempo, las personas que trabajaban para él se convirtieron en expertos en computación, mientras él se mantenía tan alejado del trabajo de sus empleados que ni siquiera entendía lo que hacían. La posición lo abrumó; su trabajo lo sobrepasó. Al final, era tan inútil que ya no podían justificar su salario. Al no mantenerse al día con los cambios más relevantes en su área, él también quedó obsoleto.

Les advertimos a las directoras de ventas sobre la "ejecutivitis". Algunas veces, una consultora de belleza trabaja arduamente para convertirse en directora de ventas y, luego, cuando alcanza esa meta, comienza a "jugar a la ejecutiva". Ya no presenta clases del cuidado de la piel y trabaja con menos ahínco en sus esfuerzos de reclutamiento. ¡Deja de hacer las cosas que la llevaron a lograr su éxito y la hicieron avanzar a la posición de directora de ventas independiente!

Aprende del éxito de los demás

En Mary Kay Inc., llevamos a cabo muchas conferencias y seminarios para el cuerpo de ventas independiente. Estas reuniones incluyen mucha motivación e información. Además del programa establecido, dichas reuniones brindan una excelente oportunidad para que las mujeres intercambien ideas. En el pasado, invitábamos a renombrados oradores profesionales para dirigirse a nuestras concurridas reuniones regionales y nacionales, pero ahora animamos a nuestra propia gente a dar los discursos. Aunque los oradores profesionales podían motivar a las consultoras de belleza por un momento, no les ofrecían información práctica personalizada para su negocio. Las más destacadas del cuerpo de ventas proveen información específica que cada persona en el público puede aplicar a su negocio y, dado que las oradoras deben tener un desempeño estelar para poder dar su discurso, son excelentes modelos. Se pueden identificar con sus comentarios inmediatamente porque ellas, al igual que las demás en el público, comenzaron como consultoras de belleza. Cuando una mujer escucha la historia de éxito de otra, usualmente se pregunta: "¿Qué tiene ella que yo no pueda arreglar?"

Comparte ideas válidas con los demás

Un gran sentido de compartir prevalece en todo el cuerpo de ventas independiente y en la compañía. A todas las personas que tienen una idea se les anima a compartirla. Mi teoría siempre ha sido que si yo tengo una idea y tú tienes otra, y tú me das la tuya y yo te doy la mía, ¡entonces cada uno de nosotros tiene dos ideas! Pero si yo me quedo con la mía y tú te quedas con la tuya, entonces cada uno sólo tendrá una. El intercambio libre de ideas fomenta el ambiente ideal para aprender y crecer. Animamos a todos a esforzarse para mejorar su desempeño. Como dijo Woodrow Wilson: "No sólo uso todo mi cerebro, también uso todos los cerebros que pueda tomar prestados".

Animamos a *toda* nuestra gente a crecer, no sólo a los que están en las ventas. Nuestro personal corporativo asiste a seminarios y conferencias en sus áreas de especialidad y fomentamos programas adicionales de educación y enriquecimiento para todos ellos. A través de nuestro programa de educación continua, la empresa paga la colegiatura de los empleados a cursos universitarios en su área de especialización.

Pienso que muchas mujeres aprovechan estos programas educativos porque ahora existen oportunidades de trabajo a nivel gerencial que antes no estaban disponibles para ellas. De alguna manera, todavía queda mucho camino por recorrer y muchas creen que tienen que hacer un esfuerzo del 110 por ciento para competir con los hombres. Nuestras puertas siempre han estado abiertas de par en par para ayudar a la mujer a mejorarse, incluso cuando otras compañías apenas comenzaban a considerar a mujeres para ocupar posiciones de alto nivel. Me alegra que tantas mujeres hayan respondido a las oportunidades de mejoramiento personal.

Ninguno de nosotros puede darse el lujo de dormirse en sus laureles y eso también me incluye a mí. En 1963 sobreviví lo que ahora llamo el "mes de dormirme en mis laureles". Fue el breve periodo en que consideré jubilarme. En ese entonces, vivía enfrente de una funeraria ¡y casi los llamo para que vinieran por mí! Pero ustedes conocen el resto de la historia de Mary Kay: decidí hacer realidad el sueño de toda mi vida.

¡Y aún no he terminado! Recientemente, mi hijo Richard dirigió una conferencia ejecutiva sobre el tema de la jubilación. Los ejecutivos de nuestra organización debatieron racionalmente las ventajas y desventajas de fijar la edad de jubilación a los 65, los 75 años o no establecer una edad de jubilación. Me di cuenta de que cada vez me hundía más y más en la silla. Cuando salíamos de la reunión, le dije a Richard: "¿Sabes?, cuando hablabas allá dentro estabas hablando de tu madre".

Richard se detuvo y volteó a mirarme asombrado.

"Pero mamá, nunca se me ocurrió pensar que *tú* te ibas a jubilar. Francamente, ¡nunca pienso en ti como alguien que está envejeciendo!"

Allí mismo, en medio del corredor, ¡lo abracé y lo besé!

Todavía tengo una meta en mi carrera: ¡continuar trabajando más *fuerte* que nunca para ver cada día a una mujer más que alcanza su potencial máximo y se da cuenta de lo grandiosa que es en realidad!

Mary Kay Ash asumió el cargo de jefa emérita de la junta directiva en 1987. Se mantuvo activa en la compañía hasta que sufrió un derrame cerebral en 1996. Siempre conservó su interés por la empresa y estuvo involucrada con el cuerpo de ventas independiente y el personal hasta su muerte el Día de Acción de Gracias en 2001.

Las directoras nacionales de ventas independientes hablan hoy sobre los principios Mary Kay

"Todas tendemos a mantener nuestro rumbo, pero con el plan de mercadeo de Mary Kay literalmente comenzamos de cero en cada seminario. Escuchar a nuestra fundadora hablar sobre esto y después de leerlo en este libro, me ha motivado a fijarme nuevas metas con constancia. Por esta razón, he tenido tanto crecimiento", dice **Renee Hackleman** de Estados Unidos.

"Yo siempre estaba empezando de nuevo —declara **Pat Fortenberry**, esposa de un oficial de la Fuerza Aérea de Estados Unidos— porque me he mudado cinco veces durante mi carrera. Cada vez que me mudaba, la gente desconocía mis logros. Así que tenía que volver a lo básico y a desarrollar mi equipo yo misma".

"Nunca debemos dejar de tener metas. Mary Kay creía que, antes de alcanzar una, ya debemos estar pensando en la próxima", advierte **Leticia Moguel Paz** de México.

16 Sé una persona arriesgada

Cuando comenzamos nuestro negocio, estábamos muy conscientes de los riesgos. Invertí cada centavo que tenía. Mi hijo Richard, quien era agente de seguros de vida, dejó un trabajo donde le pagaban 480 dólares al mes para irse a trabajar con su madre y su "loca" idea por 250 dólares al mes. Unos meses después, mi hijo Ben renunció a un trabajo en donde le pagaban 750 dólares al mes en Houston para mudarse a Dallas a trabajar con nosotros ¡por el mismo sueldo que su hermano menor!

Richard y Ben aceptaron reducciones de salario sustanciales y estaban en juego los 5,000 dólares que había ahorrado toda mi vida. Anhelaba desesperadamente comenzar mi negocio; era mi única oportunidad de ser empleada por cuenta propia. No había vuelta atrás. El negocio tenía que ser exitoso. Como mujer de mediana edad a principios de la década de 1960, iba a ser muy difícil encontrar trabajo si fracasaba.

Sin duda, estar en riesgo era la principal motivación para ser innovadora, trabajadora y estar muy motivada. Doy gracias a Dios de que el sistema de libre empresa estadounidense estaba sano y salvo. Nuestro arduo trabajo rindió frutos y fuimos recompensados por nuestros esfuerzos. En Mary Kay Inc. animamos a las personas a tener el mismo espíritu "arriesgado" que nos inspiró en nuestros comienzos. Hay cierto tipo de persona que florece en este ambiente, particularmente cuando se le dan los incentivos adecuados, y pienso que crear este ambiente es trabajo de líderes.

La gente fracasa en su camino al éxito

Para crear un ambiente que anime a las personas a arriesgarse hay que comenzar por los niveles más altos de la corporación. Si el jefe ejecutivo de la junta directiva no tiene este espíritu, probablemente no lo encontrarás en algún otro lugar en la organización. Es una cualidad que prevalece desde los altos niveles de la gerencia. El jefe ejecutivo de la junta directiva le da a los ejecutivos la libertad de arriesgarse y ellos, a su vez, le dan esta libertad a las personas a quienes supervisan. Cada líder, dentro de su área de responsabilidad, es responsable de tomar decisiones y, cuando hay dos líderes en conflicto, la alta gerencia apoya a la persona a cargo del área de responsabilidad que tiene jurisdicción sobre la decisión.

Claro que hay ocasiones en que se toman decisiones que finalmente resultan ser incorrectas. Ello no se puede evitar en una compañía que anima a su gente a arriesgarse. En Mary Kay Inc. tenemos un refrán que viene muy al caso: "La gente fracasa en su camino el éxito". Creo que es vital que la gente tenga la libertad de arriesgarse y que se les permita cometer errores a lo largo del camino. Esto es lo que nutre su crecimiento personal y su creatividad.

Yo fracasé miserablemente en mi primera clase del cuidado de la piel. Estaba ansiosa por probar que nuestros productos del cuidado de la piel se podían vender a grupos pequeños de mujeres y quería que mi primera demostración fuera un gran éxito. Pero esa noche, vendí un total de 1.50 dólares. Cuando me subí a mi auto, di la vuelta en la esquina, puse mi cabeza sobre el volante y lloré. "¿Qué le pasa a esa gente? —me pregunté— ¿Por qué no quieren comprar este fantástico producto?" Pensamientos de temor se cruzaron por mi mente. Mi reacción inicial fue dudar de mi nueva aventura de negocios. Me preocupé porque los ahorros de toda mi vida estaban invertidos en esta compañía. Me miré al espejo y me pregunté: "¿Qué fue lo que *tú* hiciste mal, Mary Kay?" De repente, me di cuenta: nunca me molesté en preguntarle a nadie si quería hacer un pedido. Se me había olvidado darles las tarjetas de pedidos ¡y esperaba que esas mujeres me compraran automáticamente! Puedes apostar que no cometí el mismo error en la siguiente clase del cuidado de la piel.

Sí, fracasé y, por unos momentos, tuve miedo, pero después de analizar lo que ocurrió, *aprendí* de ese fracaso. He compartido esta historia miles de veces ante el público de Mary Kay. Quiero que sepan que fracasé en mi primera clase del cuidado de la piel, pero me rehusé a darme por vencida. Fracasé en mi camino al éxito. Verdaderamente creo que la vida es una serie de muchos intentos y muchos fracasos antes de alcanzar el éxito. Lo importante es seguir intentando.

Había conocido el fracaso incluso antes de esa fallida clase del cuidado de la piel. Años atrás, mi primer trabajo fue con una empresa que vendía sus productos a través de un plan de "fiestas" y durante mis primeras semanas ¡promediaba sólo 7 dólares por fiesta! La anfitriona recibía un regalo de 5 dólares y con un volumen de ventas de 7 dólares, ¡es muy fácil darse cuenta de que tenía un problema! pero busqué maneras de mejorar mis destrezas continuamente y, al fin, me convertí en una vendedora destacada.

Hoy en día me gusta recordarle a la gente que para mí tampoco fue fácil cuando comencé. No obstante, no es deshonroso fracasar. Sólo quien se rinde es un verdadero fracasado. Una vez alguien le comentó a Thomas Edison que había fracasado 25,000 veces mientras experimentaba con el acumulador. "No, no fracasé —respondió el brillante inventor—, descubrí 24,999 maneras en que el acumulador no funciona". Durante su vida, Edison recibió 1,093 patentes por inventar dispositivos como el fonógrafo, las películas, la pluma eléctrica, el papel encerado y, claro está, la lámpara incandescente. Imagínense la cantidad de veces que Edison fracasó durante su larga e increíble carrera. Todos podemos dar gracias por su tenacidad al negarse a aceptar uno de sus fracasos como una derrota permanente.

Aunque es verdad que hay riesgos al iniciar cualquier negocio nuevo y como no hay manera de saber de antemano quién tiene la fortaleza para tener éxito en nuestro campo, simplemente opino que a cada mujer se le debe dar la oportunidad de considerar comenzar su propio negocio Mary Kay. Si tiene éxito, puede ser la mejor oportunidad que jamás ha tenido. Sí, es un riesgo calculado, pero una mujer puede aumentar mucho las probabilidades si trabaja arduamente y con tenacidad. Cuando una consultora de belleza independiente nueva decide comenzar su negocio, hace una pequeña inversión en un juego inicial, el cual viene con lo esencial para presentar sus primeras clases del cuidado de la piel. Si además hace un pedido de inventario, reducimos el riesgo garantizando que le volveremos a comprar cualesquiera productos sin usar y que se los compraremos al 90 por ciento de lo que le costaron hasta por un año después de la fecha de compra. Algunas comienzan sus negocios trabajando a tiempo parcial hasta que se convencen de que lo van a disfrutar y van a ganarse bien la vida como consultoras de belleza independientes. Por ejemplo, alguien que tenga un puesto de tiempo completo puede comenzar presentando clases del cuidado de la piel en las tardes y los fines de semana. De esta manera, dejará su trabajo original sólo después de haberse probado a sí misma que puede ganar suficiente dinero en su negocio Mary Kay para hacer un compromiso de tiempo completo. Así se reduce el riesgo inherente de un puesto de vendedor que gana sólo comisiones.

No todas son ideas ganadoras

Cuando una compañía fomenta la innovación, tiene que aceptar el hecho de que no todas las ideas aceptables serán ideas ganadoras. De hecho, un nuevo proyecto creativo que despierta la emoción de todos al presentarlo podría ser una gran desilusión luego de implementarlo. Hace varios años, por ejemplo, tuvimos un proyecto de este tipo que se llamó *Business in a Box* (Tu negocio en una caja). Éste era un sistema para ayudar al cuerpo de ventas independiente a organizar su contabilidad y administrar su tiempo. Era la creación de uno de nuestros vicepresidentes y, una vez que se aprobó la idea, incurrimos en un gasto considerable para ponerla en práctica. Aunque su propósito principal era facilitar la contabilidad, el cuerpo de ventas independiente pensó que era demasiado complicado y rechazó el sistema rotundamente. Terminamos con un almacén lleno de cajas que no tenían absolutamente ningún valor para nadie fuera de la organización Mary Kay. El proyecto fracasó, pero no marginamos a su creador por eso. Hacerlo hubiese desanimado a otros de compartir *sus* ideas creativas.

Las directoras nacionales de ventas independientes hablan hoy sobre los principios Mary Kay

"El mayor riesgo es el fracaso. La gente le teme al fracaso como algo vergonzoso. Mary Kay parecía decirnos que no intentarlo nunca es aún más decepcionante que fracasar", dice **Lisa Madson** de Estados Unidos.

"Uno tiene que arriesgarse para intentar alcanzar el éxito", señala **Lilia Lozano de Cuevas** de México, quien descubrió en este libro la "grandeza del liderazgo Mary Kay".

"Siempre hay esa sensación de riesgo cuando haces algo distinto por primera vez. Salir adelante en cualquier negocio requiere aprender a adquirir nuevas destrezas y salirte de tu zona de comodidad. Mary Kay era muy eficaz haciendo que nos diéramos cuenta de esto", afirma **Idell Moffett** de Estados Unidos.

17 Trabaja y disfrútalo

Una vez conocí a un hombre de negocios de 26 años de edad que siempre se mantenía en la mejor condición física. Sin embargo, en la oficina hacía las cosas mecánicamente, sin interés y nunca trabajaba una jornada laboral completa. Ya para las 4 p.m., apenas podía mantener abiertos los ojos. Llegaba a su casa a rastras y le decía a su esposa: "Estoy molido, cariño. No hagas planes para esta noche; me voy a acostar temprano". Pero si uno de sus amigos lo llamaba para jugar frontenis, de repente despertaba y estaba listo para horas de enérgica actividad en la cancha.

También, en alguna ocasión conocí a un desarrollador de bienes raíces de 85 años de edad que trabajaba 10 horas completas todos los días. Siempre estaba trabajando en varios proyectos. Su trabajo lo hacía sentirse de lo mejor y era motivo de inspiración para todos los que lo conocían. Todos se maravillaban de su aparente energía inagotable. "¿De dónde saca tanta energía?, se preguntaba la gente. Espero tener la misma energía cuando tenga su edad". ¡El hecho es que la mayoría de las personas no tienen esa misma energía cuando tienen la mitad de su edad!

Mientras más se disfruta el trabajo, con más energía se hace

Es alarmante la paradoja al comparar esa persona joven y de buena condición física, a quien le faltaba energía para trabajar una jornada laboral completa, con este jovial octogenario ¡que podía trabajar más que todos nosotros! Obviamente, la diferencia está en la actitud. En mi experiencia, mientras más disfruta la gente de su trabajo, ¡con más energía lo hace! Además, generalmente trabajamos *mejor* cuando lo disfrutamos.

Recientemente, tuve la siguiente conversación con una joven estudiante:

—¿Cómo va todo en la escuela?

—Supongo que va bien.

—¿Cómo te va en la clase de historia? —pregunté tratando de ser un poco más específica.

—Terriblemente mal. Es muy aburrida. Todos los días me duermo en la clase.

—¿Y qué tal la clase de inglés?

—Igual. Estoy reprobando la materia. Tampoco puedo mantener los ojos abiertos. En verdad tenemos un maestro terrible.

—¿Y la de ciencias?

—¡Uy! —de repente se avivó y se le iluminaron los ojos— Llevo un 100 en ciencias. Me encanta. Sobre todo el trabajo en el laboratorio. Creo que voy a ser científica cuando sea grande. Me muero por ir a nuestra excursión la semana próxima.

Nadie tenía que decirme las materias en las que le iba mal y la única materia en la que la joven era una estudiante sobresaliente. La correlación entre las buenas calificaciones y lo mucho que disfrutaba la materia era obvia. Recuerdo lo mucho que disfrutaba la clase de inglés y siempre sacaba 100 en esa materia. Cuando le preguntas a un adulto sobre su trabajo, también revela lo que le gusta y lo que le disgusta, y esto está directamente relacionado con su desempeño. Por ejemplo:

—Tengo problemas con la manera en que abordo a clientas potenciales —diría una persona.

—¿Cuál crees que sea el problema?

—No lo sé exactamente. Quizá sea porque no me siento cómoda conociendo gente nueva. Sin embargo, una vez que llego a una clase del cuidado de la piel, doy una buena presentación y le vendo a prácticamente todo el mundo.

—¿Tienes alguna idea de por qué te pasa esto? —le pregunté.

—Bueno, lo que más disfruto de vender es llegar a conocer a la gente y ayudarles a resolver sus problemas.

No importa la ocupación de una persona, escucharás el mismo mensaje. Una secretaria que no puede trabajar muy bien con su procesador de palabras diría: "Es que no tengo talento para cosas mecánicas y, sencillamente, no me gustan las computadoras". El dueño de una pequeña tienda diría: "No soporto trabajar con detalles. Nunca fui bueno en contabilidad". Un contador que trabaja por cuenta propia diría: "La parte que menos me atrae de mi trabajo es tener que hacerme miembro de organizaciones cívicas y sin fines de lucro para poder conseguir clientes nuevos". E incluso un escritor podría decir: "Lo que no me gusta es hacer investigación".

Aceptémoslo, todos tenemos que hacer tareas que no nos gustan en nuestro trabajo, pero si hay que hacerlas, las hacemos. Mi manera de hacerles frente es ponerlas en los primeros lugares de mi lista diaria de cosas por hacer. Una vez que las hago, el resto del día transcurre mucho más tranquilo. Para hacer las cosas un poco más interesantes, trato de "jugar" mientras hago las tareas más tediosas. Por ejemplo, podría competir conmigo misma mientras hago el aseo de la casa para ver qué tan rápido puedo terminar una tarea determinada. Hace años, cuando era una joven esposa que planchaba camisas, ¡mi meta era planchar cada camisa en dos minutos y medio! Hoy en día todavía trato de jugar a ganarle al reloj cuando trabajo en dictados que me he llevado de la oficina a mi casa. Mi actitud siempre ha sido mantenerme positiva ante cualquier trabajo que tenga que hacer y disfrutarlo.

La gente me ha comentado que soy una "vendedora innata" porque disfruto mucho las ventas y estoy segura de que ésta fue la razón principal de mis éxitos al principio de mi carrera. He trabajado con otros vendedores que pensaban que tenían más talento, pero yo vendí más porque hice más llamadas que ellos. Para ellos, vender era un trabajo monótono.

Para mí, era un juego. Sentía una emoción especial ante el reto de reservar demostraciones para la compañía de productos para el hogar que representaba. La mayoría de las mujeres que asistían a estas fiestas venían porque se sentían comprometidas con la anfitriona, quien era una amiga íntima o un familiar. Pocas mujeres querían pasarse horas escuchando a un vendedor hablar sobre las virtudes de la cera para pisos, del pulidor de muebles o del limpiador para la taza del inodoro. Pero para mí, ése era el reto: lograr que esas mujeres sintieran tanta emoción por mis productos que decidieran hacer sus pedidos con *entusiasmo*.

Un buen producto, un público interesado, lo desconocido

Las consultoras de belleza Mary Kay independientes son más afortunadas porque ellas tienen un producto *glamoroso* que presentar. Las mujeres de hoy en día están verdaderamente interesadas en el cuidado de la piel. Y hay un tercer elemento en las ventas que siempre es fascinante: *lo desconocido*. Cada clase del cuidado de la piel es distinta; nunca sabes de antemano exactamente qué circunstancias puedes encontrar. Para mí, este elemento sorpresa siempre ha sido emocionante. Sin embargo, algunos vendedores reaccionan de manera totalmente distinta y esto les despierta sentimientos de inseguridad y duda.

Sin duda, la gente tiene un mejor desempeño cuando hace un trabajo que disfruta. Por lo tanto, cada líder debe esforzarse por crear un ambiente en el cual su gente pueda disfrutar de su trabajo. Si es necesario que la gente trabaje bajo una gran presión, tocarles un poco de música no va a mejorar su situación *ni* su desempeño, mas si por lo menos estás al tanto de que hay un problema, habrás dado un paso en la dirección correcta. Es posible que no puedas hacer mucho para cambiar las aptitudes básicas de la gente, pero muchas veces puedes mejorar su ambiente de trabajo reduciendo condiciones estresantes. Una manera de hacerlo es creando un ambiente que permita que tu gente se sienta libre y desinhibida. Recuerdo cuánto me estresé cuando trabajaba para un líder que hacía guardia en la oficina como un vigilante. Nos intimidaba a todos hasta el punto de que nos daba miedo quitarle los ojos de encima a nuestro trabajo. Nos sentíamos como prisioneros. No obstante, sus tácticas atemorizantes eran contraproducentes, pues la gente no puede tener su mejor desempeño en condiciones muy estresantes. Como resultado, todo el personal estaba propenso a cometer errores, al ausentismo; los cambios en el personal tenían niveles más altos de lo normal y había una falta total de lealtad a la compañía. Todos tenían solamente una razón para presentarse a trabajar: recibir un cheque. ¡Nuestro supervisor nos dijo claramente que no le importaba cómo nos sentíamos ni qué pensábamos! y de la misma manera le respondíamos a él y a la empresa. Creo que algunas personas sentían tanto resentimiento hacia la organización que, secretamente, ¡tenían la esperanza de que fracasara! Nos sentíamos miserables y así lo demostraba nuestra baja productividad. Era la falta de libertad personal lo que nos inutilizaba y lamentablemente la compañía pagó muy caro por ello.

He pintado un retrato muy sombrío de lo que le ocurre a la gente que no está contenta con su trabajo. Quizá pensarás que es exagerado, pero te aseguro que no. La gente no responde positivamente a los líderes que los intimidan. Sin embargo, sí responden a los elogios. Las buenas líderes ofrecen elogios cuando su gente alcanza el éxito, no importa qué tan pequeño pueda ser. Todos necesitamos reconocimiento. Estos sentimientos mejoran la autoestima y refuerzan la confianza en uno mismo, y el resultado se refleja en un trabajo de mayor calidad.

Una buena líder trata de darle el trabajo adecuado a cada persona

En ocasiones, una persona tiene un desempeño pobre en su empleo porque está realizando un trabajo que no es adecuado para ella. Una mañana, después de pasar largas horas con mi contador personal le comenté:

—No sé cómo lo haces. Nunca podría trabajar con todos esos números y reglamentaciones de impuestos durante 10 horas diarias como lo haces tú. Me parecería extremadamente tedioso.

—Mary Kay, nunca podría salir a vender como tú lo haces —respondió—. No sé cómo puedes levantarte de la cama todos los días para hacer esas llamadas. Honestamente, el tipo de trabajo que tú haces sería mucho más difícil para mí.

¿No es maravilloso que todos seamos diferentes? Si a todos nos gustaran las mismas cosas e hiciéramos las mismas cosas, qué aburrido sería el mundo. Su franqueza me recordó esta verdad esencial que nunca debemos olvidar: todos somos distintos. Una buena líder también debe reconocer esas diferencias y tratar a cada persona como individuo. Una buena líder detectará cuando alguien no tiene la capacidad necesaria para un trabajo en particular y hará lo posible por encontrar otro trabajo más apropiado. En Mary Kay Inc., muchas veces hemos reasignado personas buenas y leales a puestos más apropiados para sus talentos. Una vez que se reubican, con frecuencia sus niveles de desempeño aumentan drásticamente. ¿Por qué? Porque disfrutan de su nuevo puesto. Una vez más es obvio que: ¡la gente hace su mejor trabajo cuando está contenta!

El entusiasmo es contagioso, pero el negativismo también

En ocasiones, algunos líderes me dicen: "Sí, quiero que mi gente esté contenta y disfrute de su trabajo. Pero, ¿cómo me sugiere usted que logre esto?" La forma de hacerlo es comenzar por sí mismos. Les sugiero que se pregunten: "¿Estoy contento con mi trabajo?" "¿Lo disfruto?" "¿Me emociona mi trabajo?" Como mencioné en un capítulo anterior, el entusiasmo es contagioso, pero esa moneda también tiene otra cara: el negativismo también es contagioso. Si una líder viene a trabajar malhu-

morada o deprimida, de seguro su estado de ánimo afectará a las personas que la rodean y ellas, a su vez, probablemente transmitirán esto a los
demás. Las personas más felices que conozco son las que están deseosas
de comenzar a trabajar cada mañana. Creo firmemente que así se siente
la mayoría de la gente exitosa con su trabajo. Su vocación es su pasatiempo. La doctora Joyce Brothers comentó una vez que ser un adicto
al trabajo no es algo totalmente negativo; esto sólo significa que estás
totalmente comprometido con un trabajo que disfrutas.

El doctor Denton Cooley, un cirujano cardiovascular reconocido
mundialmente que realizó incontables operaciones de corazón abierto,
confesó una vez que era adicto al trabajo. "Cuando estoy trabajando
es cuando me siento más relajado y cuando tengo mayor paz mental
—afirmó—. Una de las características de un adicto es que le sobrevienen síntomas del síndrome de abstinencia cuando no puede satisfacer su
adicción. Yo me siento igual cuando no estoy en mi trabajo. Sobre todo
cuando me voy de vacaciones. Me siento inquieto, casi desesperado por
regresar al trabajo". A principios de su carrera, se preocupaba por estar
demasiado encerrado y pensaba que quizá debía pasar un par de tardes
en el campo de golf. Así que luego de intentar jugar al golf, nos informó los resultados: "He aceptado mi trabajo como mi 'pasatiempo'. Algunos hombres disfrutan en el campo de golf. Yo disfruto practicando
mi especialidad". No es de sorprender que el doctor Cooley haya sido
reconocido como uno de los mejores cirujanos del mundo.

También para mí, el trabajo es mi mayor placer. Y como me siento
de esta manera, con frecuencia prefiero trabajar en lugar de satisfacerme
con lo que otros quizás llamarían "diversión". Mi trabajo es divertido y
me siento muy afortunada de que para mí sea tan placentero trabajar.

Las directoras nacionales de ventas independientes
hablan hoy sobre los principios Mary Kay

"La gente realmente necesita saber y sentir que tanto ella como el trabajo que desempeña son importantes. La mujer en particular requiere tener la capacidad de trabajar con flexibilidad y sin tensión. Este capítulo es tan intenso hoy porque la gente vive en tensión. Les digo que amen su trabajo y lo disfruten. Si hacen esto bien, van a tener una buena vida", afirma **Maribel Barajas** de Estados Unidos.

"Mary Kay me enseñó a disfrutar nuestra profesión y a estar orgullosa de ella. Quería que todas nosotras encontráramos una necesidad, la satisficiéramos y en el proceso, desarrolláramos relaciones. Es exactamente así como esta gran organización ha producido tantas exitosas mujeres de negocios independientes", señala **Jeanne Curtis** de Estados Unidos.

Para **Gerri Nicholson** de Estados Unidos, era simple cuestión de hacer suyo el sueño que Mary Kay siempre pregonó. "¡Tienen que gustarte mucho los productos y sentir que todo el mundo se beneficiaría de ellos y debiera usarlos! Una vez que estés convencida de ello, verás que el cielo está a tu alcance".

"Las mujeres quieren cumplir con las expectativas; quieren tener éxito. Muchas provienen de ambientes donde es tan escaso el elogio que este tipo de mensaje ¡es como una corriente de aire fresco! La gente necesita emoción. A las personas les gusta estar alrededor de otros que disfrutan de lo que hacen", dice **Pam Ross** de Estados Unidos, ex atleta cuyo antiguo jefe le dijo una vez que no era lo suficientemente bonita como para vender maquillaje.

18 Nada sucede hasta que alguien ¡vende algo!

Durante nuestro segundo año en los negocios, quería inculcarles a los empleados de nuestra Compañía la importancia del cuerpo de ventas independiente y destacar que si las integrantes del cuerpo de ventas independiente no salían a vender nuestros productos, nosotros dejaríamos de existir. Así que les envié el siguiente memorándum:

Una CONSULTORA O DIRECTORA DE VENTAS es la persona más importante en nuestro negocio. ¡Ella es nuestra ÚNICA clienta!

Una CONSULTORA O DIRECTORA DE VENTAS depende de nosotros y nosotros dependemos de *ella*.

Una CONSULTORA O DIRECTORA DE VENTAS no interrumpe nuestro trabajo. Ella es el *propósito* de nuestro trabajo.

Una CONSULTORA O DIRECTORA DE VENTAS nos hace un favor al llamarnos. Nosotros no le hacemos un favor al darle servicio.

Una CONSULTORA O DIRECTORA DE VENTAS es parte de nuestro negocio. No es una persona ajena.

Una CONSULTORA O DIRECTORA DE VENTAS no es una estadística más. Es un ser humano de carne y hueso con sentimientos y emociones como los nuestros.

Una CONSULTORA O DIRECTORA DE VENTAS no es alguien con quien discutir o medir nuestro ingenio.

Una CONSULTORA O DIRECTORA DE VENTAS es una persona que nos expresa sus necesidades y nuestro trabajo es satisfacer esas necesidades.

Una CONSULTORA O DIRECTORA DE VENTAS merece el trato más cortés y amable que podamos brindar.

Una CONSULTORA O DIRECTORA DE VENTAS es ¡el *alma* de este negocio!

Agradeceremos tu cooperación al reconocer día a día cada uno de estos puntos. ¿Por qué no mantienes esta tarjeta en tu escritorio como recordatorio de lo importante que es para nosotros cada consultora y directora de ventas?

Añadimos este último párrafo hace varios años e imprimimos el memorándum completo en tarjetas rosas de unas 4 por 6 pulgadas que todavía distribuyo cuando visito las oficinas de nuestras sucursales. Le entrego la tarjeta a cada persona y le advierto: "Sé que a veces las consultoras de belleza o las directoras de ventas vienen a darte quejas que quizá no te parecen razonables. Cuando eso te pase, quiero que recuerdes que, si no fuera por ellas, no tendríamos nuestros trabajos".

Con cientos de miles de consultoras de belleza y directoras de ventas independientes, de vez en cuando alguien ofenderá a la persona sentada en el escritorio de una oficina. Le recuerdo continuamente a nuestro personal que debe responder con tacto y diplomacia. "Trátenla como una reina —les aconsejo—. Recuerden que sin ella, no tendríamos trabajo. Nunca debemos olvidar que ella es la razón por la cual existe nuestro negocio. Si se comportan de manera profesional, probablemente ella se relajará y expresará la *verdadera* razón de su preocupación".

"A mí me gustaría tener uno de esos Cadillacs rosados y algunos de esos lujosos premios", dicen los empleados en ocasiones.

Mi respuesta es directa: "Si no fuera por el volumen de ventas que una directora de ventas independiente produce para ganar su Cadillac, quizá no estarías aquí como empleado deseando que el auto fuera tuyo. El auto es el incentivo que motiva a las integrantes del cuerpo de ventas independiente. Mientras más Cadillacs rosados circulen por las calles, mejor para todos nosotros". Le recordamos a nuestro personal que nunca debe envidiar el dinero que gana una directora de ventas independiente.

El cuerpo de ventas Mary Kay independiente trabaja exclusivamente por comisiones y se le paga por su volumen de ventas. Si ganan mucho dinero, puedes estar seguro de que han trabajado muy duro. He sabido de compañías que pensaron que le pagaban mucho dinero a su cuerpo de ventas y comenzaron a buscar maneras de reducir su ingreso. Invariablemente, estas empresas lamentan el día en que decidieron bajar sus comisiones por ventas. Una de mis mayores alegrías es ver al cuerpo de ventas ganar mucho dinero. Me hace sentir muy feliz y orgullosa.

Toda la compañía debe estar orientada a las ventas

Creo que todos los empleados de la organización necesitan saber que sus trabajos dependen del cuerpo de ventas independiente. Nuestros empleados de manufactura saben que si el cuerpo de ventas independiente no vende, no tenemos nada que fabricar. Tenemos la obligación de respaldar al cuerpo de ventas independiente y, si no lo hacemos, no estamos haciendo nuestro trabajo. No sólo trato de llevar este mensaje a los empleados de nuestra oficina corporativa, también hago el mismo esfuerzo por transmitir continuamente esta actitud a nuestro cuerpo de ventas.

Cuando decenas de miles de consultoras de belleza y directoras de ventas independientes vienen a Dallas para nuestro seminario anual, llevamos a cabo una actividad de casa abierta. No sólo hacemos un recorrido por nuestras oficinas e instalaciones de manufactura para que puedan observar a la gente trabajando, preparamos puestos donde explicamos procedimientos y contestamos sus preguntas. Asimismo, animamos al cuerpo de ventas independiente a dirigir sus preguntas a empleados de cualquier nivel en nuestra organización. Este tipo de comunicación provoca que todos sientan que formamos parte del mismo equipo y que trabajamos en conjunto. Además, desarrolla el respeto mutuo entre empleados y el cuerpo de ventas independiente.

Cuando ambos grupos llegan a entenderse mutuamente, el ambiente familiar queda intacto y se le brinda un mejor servicio al cliente. Queremos que nuestro personal trate a cada consultora de belleza independiente como individuo, no como una estadística más de un enorme e impersonal cuerpo de ventas independiente. Deben saber que están tratando con personas amorosas y cariñosas de las que dependen. Es maravilloso para la moral de los empleados descubrir por sí mismos lo competente y diligente que es nuestro cuerpo de ventas independiente y saber que un grupo de vendedoras íntegras que vende los productos de nuestra compañía es motivo de gran orgullo. Con frecuencia les menciono: "No sólo surtes un pedido. Ayudas a alguien a ganarse la vida para darle sustento a tres niños. Si cometes un error en su pedido o si recibe un producto defectuoso, le habrás causado un serio problema y sé que no desearías hacer eso". También es importante que nuestro personal sepa que debemos fabricar un producto de suprema calidad para que la gente quiera regresar por más. "Las compras de reposición son de vital importancia —les digo— y tenemos que brindar nuestro apoyo al cuerpo de ventas independiente para que sus clientas hagan pedidos una y otra vez".

Sería ideal que cada empleado de la empresa estuviera orientado a las ventas. No importa si la persona trabaja en investigación, contabilidad o envíos; todos los trabajos tienen el propósito de apoyar a la organización de ventas. En Mary Kay Inc. no se toma ni una sola decisión sin antes considerar las consecuencias que tendría para el cuerpo de ventas independiente. Para que nuestros empleados puedan brindar el mayor apoyo al cuerpo de ventas independiente, deben entender con claridad lo que ocurre en el campo de las ventas. Para lograrlo, nos aseguramos de que cada persona en una posición de liderazgo asista a una capacitación sobre nuestros programas de mercadeo, procedimientos de las clases del cuidado de la piel y otras actividades relacionadas con el cuerpo de ventas independiente. Por ejemplo, una persona que trabaja en el área de control de calidad o en diseño de productos nunca entenderá todas las ramificaciones de su trabajo sin estar expuesto a las clientas cara a cara. Por otra parte, queremos que todos en nuestra corporación usen diariamente productos Mary Kay®. Y para fomentar esto, ofrecemos cantidades limitadas de productos con descuento a nuestros empleados.

Queremos entender todo lo que puede ocurrir en el campo de las ventas, así que nos mantenemos en contacto con el cuerpo de ventas independiente. Mientras más sabemos, mejor podemos ayudarles a desarrollar su negocio. Animamos a todas a que nos hagan sugerencias y hacemos el mayor esfuerzo por darles una respuesta personal. Cuando algo no está funcionando de modo adecuado, queremos saberlo en seguida para poder corregirlo.

La actitud de la compañía puede determinar el éxito o el fracaso del cuerpo de ventas

Una vez formé parte de un cuerpo de ventas que estaba desmoralizado por las actitudes negativas de su equipo administrativo. En una ocasión, asistimos a una reunión en la que el presidente de la compañía se dirigió a toda la organización de ventas. Sentía un gran orgullo por los miembros de su personal, pero obviamente no tenía mucho respeto por su cuerpo de ventas. "Hacemos los mejores productos en su clase del mundo —afirmó—. Tenemos la mejor gente en nuestras fábricas y ellos trabajan con la mejor maquinaria. Nuestro departamento de envíos y nuestro almacén son la envidia de la industria". Durante 20 minutos nos habló de lo maravillosa que era la compañía. Iba muy bien hasta que arruinó todo diciendo: "Son los vendedores quienes nos desilusionan continuamente. No creo que ninguno de ustedes tenga los conocimientos más elementales sobre ventas. Nuestros productos son tan buenos que hasta un perro amaestrado repartiendo folletos vendería más que el mejor vendedor entre ustedes". Hizo que cada vendedor en el salón se sintiera insignificante. Claro que el personal de la organización siguió el ejemplo del presidente. Menospreciaban a los vendedores y actuaban como si nos hicieran un favor al responder a nuestras llamadas telefónicas. Nos trataban como ciudadanos de segunda clase.

Incluso en las reuniones sociales de la compañía, el personal se mantenía distante y se reunía en pequeños grupos. Sus cónyuges se comportaban de manera similar y apenas socializaban con los vendedores. "Me recuerda la manera en que las esposas de los oficiales de mayor rango trataban a las esposas de oficiales de menor rango cuando mi esposo y yo estábamos en una base en Pensacola —comentó la esposa de un vendedor—. Pero eso era en el ejército y pensaba que ya nadie nos trataría así después de dejar el servicio militar". Finalmente, muchos de los cónyuges de los vendedores se negaron a asistir a reuniones sociales de la empresa. Esta actitud negativa que provenía de sus propias familias se convirtió en una carga más para el cuerpo de ventas. Es difícil para cualquiera tener fe en su corporación y en sus propias habilidades si su cónyuge no lo apoya.

Desarrolla la autoestima y la confianza en ti misma

Un vendedor debe tener autoestima y confianza en sí mismo para tener éxito. Gran parte de su actitud dependerá de la actitud de su compañía hacia el cuerpo de ventas. Permítanme ilustrar esto con otro ejemplo. La compañía A y la compañía B son competidores en el negocio de venta de comestibles al mayoreo. Cada empresa tiene vendedores que hacen visitas diariamente para vender *pretzels,* papas fritas y productos similares. Sin embargo, hay una marcada diferencia en la actitud de cada organización hacia su cuerpo de ventas. La compañía A insiste en que su cuerpo de ventas use uniforme y se refiere a ellos como *choferes.* Los vendedores de la compañía B llevan sacos, trabajan por un salario más una comisión y llevan tarjetas de presentación donde aparece el título: *Representante de cuenta.*

Cuando un vendedor de la compañía B viene a la oficina, el personal lo trata como un VIP. Uno de los vendedores describió el trato así: "No me había sentido como un héroe desde que jugaba futbol americano en la escuela superior (*high school*). Todo el personal de la oficina sabe quién soy y grupos distintos me invitan a comer constantemente. La gente me consiente mucho y eso me encanta".

Por desgracia, los vendedores de la compañía A tienen una historia muy diferente. La empresa les hace saber claramente que no son bienvenidos en las oficinas generales. "La compañía tiene oficinas muy lujosas y me siento como un intruso cuando entro —dice uno de los vendedores—. Sencillamente no me siento cómodo con esa gente. Quizá sea el uniforme café que llevo. No me siento como un integrante productivo del equipo". No me sorprende que se sienta así, eso es exactamente lo que piensa la compañía A acerca de él y la mitad de los integrantes de su cuerpo de ventas.

No hace falta decir que la compañía B atrae vendedores mucho mejores quienes producen tres veces más que sus contrapartes en la dompañía A. Nuevamente, todo se reduce a la actitud de la administración hacia su personal de ventas. Y la actitud de la administración, tanto positiva como negativa, se reflejará en la imagen que cada vendedor tiene de sí mismo.

Estoy cien por ciento comprometida con el cuerpo de ventas independiente y pongo a cada una de ellas en un pedestal. "Bueno, Mary Kay, eso es porque tienes experiencia en ventas", me dice la gente. Sí, me identifico con el cuerpo de ventas independiente porque así comencé mi carrera, pero no todos los gerentes con experiencia en ventas que han alcanzado puestos más altos piensan de la misma manera. De hecho, recuerdo un ejecutivo de manufactura que se dirigió al cuerpo de ventas con las siguientes palabras: "He estado en el campo de las ventas igual que cada una de las personas en este salón. Y créanme que conozco todos los trucos. Si alguno de ustedes cree por un minuto que puede engañarme, está cometiendo un grave error. No hay nada que puedan hacer que yo no haya hecho ya. Así que si piensan que no confío en la gente, tienen toda la razón. No confío en nadie. Nadie los conoce mejor que yo porque yo fui uno de ustedes. ¡Ustedes saben a lo que me refiero!" Claro que este ejecutivo era una manzana podrida y suponía que la mitad de los vendedores eran iguales a él. Sin embargo, eso no era verdad y todos los vendedores en ese salón resintieron esa suposición.

Una vez, durante el banquete de una gran compañía de manufactura, estuve en el mismo panel que el jefe ejecutivo de la junta directiva de otra empresa, quien dio un mensaje verdaderamente maravilloso a su cuerpo de ventas. En parte les señaló: "Son ustedes, los vendedores reunidos aquí esta noche, los responsables de que la compañía haya sobrepasado todas las marcas establecidas durante el pasado. Es cierto que la planta de nuestra empresa tiene instalaciones con lo más avanzado de la tecnología y tenemos un increíble sistema de respaldo sirviéndoles. Pero todos sabemos muy bien que nada sucede hasta que alguien vende algo". Luego hizo una pausa y escribió con letras muy grandes en un pizarrón: "Producción menos ventas es igual a cero". De verdad hablaba de corazón cuando aseveró: "Me enorgullece estar asociado con mujeres y hombres tan talentosos. Creo que ustedes son la mejor organización de ventas del mundo".

Ése sí es un mensaje inspirador para *cualquier* organización de ventas.

Las directoras nacionales de ventas independientes
hablan hoy sobre los principios Mary Kay

"Es muy importante que las líderes nunca olviden sus comienzos y lo que las llevó al éxito. Este capítulo nos enseña que, para poder compartir sus conocimientos con autenticidad e integridad, las líderes tienen que salirse continuamente de sus zonas de comodidad, si esperan que otros sigan su ejemplo. Vender es la base sobre la cual se construye todo lo demás", señala **Kate DeBlander** de Estados Unidos.

"Siempre me encantaron los consejos que daba Mary Kay Ash cuando a alguien no le iba bien en su negocio —dice **Janis Moon** de Estados Unidos—. Nos decía que volviéramos a los elementos básicos del negocio y le enseñáramos a las mujeres sobre la belleza y el cuidado de la piel. Todo comienza desde el principio".

Incluso con un grado de maestría en administración de empresas de la Universidad de Harvard, **Gloria Mayfield Banks** de Estados Unidos se dio cuenta rápidamente de que su mejor oportunidad estaba fuera del mundo corporativo tradicional. Tras asistir a su primera clase del cuidado de la piel Mary Kay y ver lo fácil que era vender los productos, reconoció el gran potencial que tenía la sencilla idea de "vender lápiz labial". "La gente no podía creer que podíamos desarrollar un negocio de millones de dólares sentadas en nuestra cocina —recuerda—. Sin embargo, eso es exactamente lo que muchas de nosotras hemos hecho".

"El enfoque en las ventas se ha convertido en un cimiento muy sólido, tal y como indicó Mary Kay que ocurriría con la gente que destaca la venta de productos. Tan es así que todo lo demás es consecuencia de las ventas", advierte **Debi Moore** de Estados Unidos.

19 Nunca te escudes tras las políticas o la pomposidad

No hace mucho tiempo, falló el sistema de alarma de una amiga. La familia estaba fuera de la cuidad, así que el ama de llaves llamó a la compañía de seguridad para reportarlo. "Enviaremos a alguien tan pronto tengamos la autorización del propietario para arreglar la alarma", le dijeron. El ama de llaves les explicó que el propietario no iba a regresar hasta una semana después, pero la empresa insistió en que sin la aprobación del propietario no iban a hacer la reparación. El ama de llaves me llamó desesperada y me pidió que llamara a la compañía para ver qué podía hacer.

Llamé y me dieron la misma respuesta.

—Pero es que no están en la ciudad —les expliqué.

—Lo siento señora, pero hacer reparaciones sin autorización del dueño está en contra de las políticas de la organización —insistió el hombre.

—Sí, ya entendí eso —le dije pacientemente— ¿pero qué caso tiene? El ama de llaves está dentro de la casa con la llave, así que es obvio que ella no es una ladrona. Como ya saben que ella no es una ladrona y la alarma no funciona, les sugiero que reparen la alarma de inmediato. Si no lo hacen, podría entrar un ladrón de verdad y su compañía podría ser responsable.

—Lo que usted dice es muy cierto señora y estoy de acuerdo. Pero está en contra de las políticas de la compañía...

—¿Puedo hablar con el gerente? —pregunté.

—Claro que sí, pero él le dirá lo mismo.

Y tenía razón.

—Está en contra de las políticas de la compañía —reiteró el gerente.

—¿Pero *por qué* tienen políticas como ésas? —pregunté.

—Bueno señora, tenemos muchas políticas y no podría explicarle por qué existe cada una de ellas. La sede en Chicago es la que establece las políticas y yo sólo las hago cumplir. Puedo meterme en serios problemas si no lo hago.

Por fortuna, mis destrezas de vendedora me sirvieron de mucho y pude convencer al hombre de que se arriesgara a la censura en esta ocasión y reparara el sistema. ¡Pero créanme que estaba exasperada!

Es frustrante que sólo te digan que algo va "en contra de las políticas de la compañía", pero cuando cuestionas la lógica detrás de las políticas y el gerente o el vendedor sencillamente repite: "Va en contra de las políticas de la compañía", entonces tienes que suponer que hay otra razón para repetir el estribillo una y otra vez: esa persona *no sabe* la respuesta.

La inseguridad asociada con esta falta de conocimiento lo hace esconderse detrás de un villano abstracto: las políticas de la empresa. Él sabe que al presentar a este villano distante, tu furia en su contra disminuirá. De hecho, ésta es una técnica de autopreservación muy lógica. Es fácil reconocer este patrón en el comportamiento de otras personas, pero ¿puedes detectarlo en ti mismo? ¿Alguna vez no has podido explicar o defender las políticas de una compañía? ¿Le has dicho a un empleado que te cuestiona: "No puedes hacerlo porque va en contra de las políticas de la compañía"?

No menciones las políticas de la compañía sin explicar su razón de ser

No sugiero que se deben abolir todas las políticas en las organizaciones. Es imposible funcionar sin ellas. Lo que estoy sugiriendo es que nunca se citen sin explicar su razón de ser. ¡No hay que esconderse detrás de las políticas! Si lo haces, marginarás a las personas igual que lo hacen algunas empresas con sus clientes. Aunque esta respuesta es muy frustrante para un cliente, es aún más frustrante para un empleado. Si a un cliente no le gustan las políticas de una compañía, puede escoger otra, pero renunciar a un empleo por frustración es una reacción demasiado extrema y costosa. Por eso, por lo regular los empleados no se van. Se quedan en su trabajo, pero la amargura y el resentimiento siguen ahí, socavando el bienestar y positivismo de la relación entre un empleado y su patrón.

En Mary Kay Inc., igual que en otras corporaciones, no todas las políticas son bien recibidas por todo el mundo. Si la política existe, existe por una buena razón y la honramos. ¡Pero no nos escondemos detrás de ella!

Otra política que tiene que existir debido al tamaño del cuerpo de ventas Mary Kay independiente está relacionada con el traslado de una consultora de belleza independiente de una unidad a otra. Desde el comienzo de nuestra historia, tuvimos conflictos de personalidades y las consultoras de belleza independientes pedían que se les trasladara a la unidad de otra directora de ventas independiente. Tratamos de dar seguimiento a este tipo de conflictos y al principio permitíamos los traslados, pero ello ocasionó muchos roces entre las directoras de ventas. "¿Por qué dejaste que Betty se fuera de mi unidad a la unidad de Susana?", las oíamos decir. En consecuencia, establecimos una política que permite que una consultora de belleza independiente se cambie de unidad sólo después de estar completamente inactiva en su negocio Mary Kay durante un año completo y sólo entonces puede retomar su negocio bajo la tutela de la directora de ventas que ella elija, siempre y cuando califique para que se le acepte como consultora de belleza independiente.

De ser posible, las pautas y políticas de la compañía deben expresarse por escrito para que no haya malentendidos sobre la postura de la empresa en asuntos pertinentes. Mientras más accesible esté esta información, mayores probabilidades hay de que se eviten las disputas. Creemos en anticipar posibles problemas explicando bien las cosas anticipadamente y por escrito. Para lograrlo, proveemos a cada directora de ventas una gran variedad de herramientas y recursos. Considero que es indispensable comunicar con claridad las bases sobre las cuales se eleva nuestra organización. Comunicamos claramente cómo ganar comisiones en varios niveles de ventas para obtener premios, reconocimientos y ascensos específicos. Con toda la información básica disponible convenientemente para todo el mundo, no se justifica ninguna acusación de trato injusto.

Aunque sería maravilloso que todos estuvieran de acuerdo con las políticas de la compañía, no es realista tener esa expectativa. Ninguna política puede complacer a todo el mundo, todo el tiempo. Mas, siempre y cuando se den razones lógicas, la gente respetará las políticas que son justas. De hecho, las políticas empresariales bien pensadas a menudo hacen sentir segura a la gente porque saben qué esperar de antemano. Sólo imagínate por un segundo lo frustrante que sería trabajar para una corporación que no tiene políticas escritas.

Con cientos de miles de representantes independientes, sería un caos si no tuviéramos excelentes herramientas de comunicación.

Muchas de las prácticas que implementaban las empresas en la década de 1950 son ilegales hoy en día. Por ejemplo, tener una política distinta para hombres y para mujeres. No obstante, otras políticas que aún ponen en práctica algunas organizaciones están dentro de los límites de la ley a pesar de ser arcaicas. Estas políticas se consolidan en el sistema y se obedecen por años sin cuestionarse. Algunas tienen orígenes que se remontan a los días previos a que la mujer formara parte de la fuerza laboral y fueron escritas *por* hombres y *para* los hombres. Un ejemplo de ello sería el horario de 9 a 5 que ha sido la norma en la jornada de trabajo. Este horario inflexible se ha convertido en motivo de gran preocupación social, ya que millones de madres trabajadoras luchan por encontrar quién supervise a sus hijos de edad escolar en las tardes. Aunque es probable que políticas como ésta tuvieran sentido cuando se escribieron, hace mucho tiempo que están obsoletas y, en algunas industrias grandes, las enormes estructuras burocráticas pueden retrasar cambios en las políticas. Creo que las mujeres que son empleadas de estas corporaciones deben expresar sus preocupaciones. Por lo regular, la perspectiva de una mujer ofrece un nuevo punto de vista no considerado anteriormente. Cuando las mujeres cuestionan políticas de esta naturaleza y se hacen esfuerzos sinceros por discutirlas en forma abierta, pueden surgir cambios positivos y, finalmente, así ocurre.

Es probable que todas las compañías tengan una o más políticas que, con el tiempo, han resultado ser discriminatorias y obsoletas. Quizá la mejor manera de que una líder puede evitar implementar estas políticas es asegurándose de no esconderse nunca detrás de ellas. No puedes limitarte a anunciar la política, tienes que explicar su razón de ser: "Ésta es una política de la compañía *porque*…" Si no puedes terminar esta oración con una razón satisfactoria, quizá ha llegado el momento de modificar o eliminar la política.

Obviamente, cada empresa revisa sus políticas actuales de manera distinta. Si un empleado desea iniciar el proceso de revisión, él o ella debe informarse sobre el método adecuado para hacerlo a través de un supervisor o del departamento de recursos humanos. Pero independientemente del curso de acción requerido —acción por parte del consejo directivo, evaluación por un comité compuesto por colegas o por el equipo de administración de personal— el empleado debe reconocer que cualquier cambio requerirá algunas estrategias básicas, entre ellas:

- Investigar y documentar minuciosamente la razón para el cambio propuesto

- Anticipar objeciones y prepararse para dar respuestas adecuadas

- Identificar a la persona o personas dentro de la organización que pueden brindar apoyo significativo al cambio

- Prepararse para llegar a un acuerdo o modificar los cambios

- Desarrollar una política para reemplazar adecuadamente la política en cuestión

En otras palabras, no puedes limitarte a quejarte de una política obsoleta; debes planificar el modo en que la vas a reemplazar.

La gente se esconde detrás de las políticas cuando se sienten inseguros, cuando no están bien informados o cuando se sienten incómodos. Pero hay otra condición aún más destructiva: la gente también puede esconderse detrás de la pomposidad.

No dejes que se te suba a la cabeza el éxito en la escalera corporativa

Cuando la gente asciende por la escalera corporativa, a veces se les sube el éxito a la cabeza. Se tropiezan con sus propios egos y pierden las mismas cualidades que los ayudaron a ascender rápidamente: la habilidad para trabajar con gente eficientemente y la habilidad para enfrentar problemas de manera lógica y decisiva. He visto esta lamentable situación repetirse en demasiadas ocasiones. Finalmente, la pomposidad hace que desciendan de nuevo por la escalera del éxito.

¿A qué se debe que tanta gente talentosa no pueda manejar el éxito? Los psicólogos nos aseguran que una persona que "actúa con superioridad" con frecuencia lo hace para ocultar sentimientos de inferioridad. Y, por mi experiencia, tengo que estar de acuerdo con esto. La gente exitosa que se siente segura de sí misma —de quiénes son, cuáles son sus talentos, cuáles son sus limitaciones— conservan un sentido de humildad que les permite ver, desde una perspectiva equilibrada, tanto las responsabilidades como las exigencias de su posición. Quienes no pueden manejar el éxito muestran aires de superioridad para ocultar su ineptitud. Sin embargo, este ingenioso camuflaje pocas veces puede ocultar la verdad.

Se ha dicho que la gente rica es sólo gente pobre con dinero. El ganador de un premio de la lotería de 5 millones de dólares es la misma persona al día siguiente de haber ganado la lotería, pero tiene 5 millones de dólares más. Claro que el dinero tendrá una influencia positiva en su vida, pero si, como resultado de haber ganado, se convierte en una persona arrogante, prepotente, altanera y vanidosa, perderá el respeto de los demás.

El éxito depende del esfuerzo del equipo completo

Cada gerente debe percatarse de que su éxito depende del esfuerzo de todo el equipo: un grupo de gente trabajando en conjunto para lograr los mismos objetivos. Cada persona en la organización debe tener un sentido de sincronización en su trabajo. Resalto esto al dirigirme a los nuevos empleados durante la orientación para que puedan sentirse seguros de que sus contribuciones a la compañía, aunque sean pequeñas en un principio, son importantes. El título de una persona o el monto de su cheque no determinan mi respeto y consideración por ella. Cada tarea es relevante y cuando alguien la hace bien, hago un esfuerzo especial por expresar mi agradecimiento. De ser posible, trato de llamar a todos por su nombre y elogiarlos por su trabajo. Por ejemplo, si de casualidad veo a un empleado de mantenimiento, le diría: "Benito, la oficina luce de lo mejor. Hiciste un magnífico trabajo colgando todos esos cuadros". O bien, si no lo veo, pero me doy cuenta del trabajo que ha hecho, podría dejarle una nota: "Benito, quiero que sepas cuánto te agradecemos el buen trabajo que hiciste al arreglar el aire acondicionado. Ahora estamos mucho más cómodos. Gracias. Mary Kay". Lamentablemente, a menudo pasamos por alto a la gente que hace trabajo de mantenimiento tras bastidores. He visto personal de mantenimiento trabajando en oficinas donde los ignoran por completo como si fueran invisibles. Como estoy muy consciente de esto, hago un esfuerzo especial por ser cordial con ellos.

Como fundadora de la compañía y presidenta del consejo directivo, creo que tengo que dar un buen ejemplo. No importa quién sea la persona —el presidente del consejo directivo o el conserje— hago un esfuerzo sincero por hacerle saber a todos en Mary Kay que los aprecio mucho. Ya les he dicho que no hay títulos en las puertas de ninguna de nuestras oficinas corporativas y que llamamos a todo el mundo por su nombre. Tampoco hay comedores para ejecutivos en la sede de nuestra empresa. Hace varios años cuando instalaron nuestro sistema telefónico, me preguntaron si necesitaba un número privado. Mi respuesta fue: "¡Santo cielo, no! Nadie me va a llamar en privado".

No crees un ambiente de discordia entre los privilegiados y los no privilegiados

Créanme, no es que no esté de acuerdo con tener comedores o baños privados para ejecutivos o líneas telefónicas privadas en algunas oficinas. Es que no deseo promover este tipo de comodidades superficiales dentro de nuestra compañía. Crear un ambiente que provoque sentimientos hostiles entre los privilegiados y los no privilegiados no va con nuestro estilo. Esto ocurre invariablemente cuando se otorgan símbolos de estatus ostentosos a un grupo selecto de personas. No creo en promover una clase privilegiada. Este ambiente engendra pomposidad y la pomposidad es desmoralizante, contraproducente y una mala manera de hacer negocios.

He visto a muchos individuos trabajadores y sin pretensiones que llegan rápidamente a la suite ejecutiva y luego se convierten en personas arrogantes y prepotentes. En mi opinión, este tipo de persona no debe estar en la suite ejecutiva. En nuestra organización, un cambio como éste lleva a un final predecible: la vergüenza profesional y personal.

El éxito de una líder depende de la habilidad para desarrollar y motivar a los demás

También, destacamos que la integrante del cuerpo de ventas independiente que logra avanzar en su negocio Mary Kay nunca debe olvidar que ella fue consultora de belleza independiente alguna vez. A medida que avance en su negocio, el éxito dependerá de su habilidad para desarrollar y motivar a otras mujeres en su unidad. Una directora de ventas independiente tiene más probabilidades de ser exitosa si sus consultoras de belleza independientes pueden identificarse con ella y preguntarse cómo pueden llegar a ser más como ella. "¿Qué tiene esa persona que yo no pueda arreglar?" es una expresión popular Mary Kay que se escucha con frecuencia en nuestras reuniones. La mayoría de las directoras de ventas exitosas proyectan la imagen de una persona común que hace su trabajo diligentemente y lo hace extraordinariamente bien. Su éxito se basa en el éxito de las mujeres a quienes sirve de mentora. Su esfuerzo será contraproducente para ella si trata de presentarse ante las mujeres de su unidad con una imagen de superioridad que además socavaría la confianza de éstas y, por lo tanto, su capacidad para progresar. Por último, su comportamiento arbitrario, arrogante y presuntuoso —en resumen, su pomposidad— será el presagio de su caída.

Lamentablemente, algunas personas están condicionadas a velar sólo por su bienestar, incluso a expensas de los demás. Algunos gerentes son amigables con otros, pero fríos y distantes con los que tienen menos antigüedad. Esta altivez la puedes encontrar en personas derrotadas por el éxito en todas las profesiones.

¿Qué se puede hacer con estos individuos? Como sugerí con anterioridad, la gente que se esconde detrás de la pomposidad usualmente lo hace por miedo e inseguridad y aunque nunca presumiría de dar consejos psicológicos ni terapéuticos a este tipo de individuos, mi experiencia me ha dado unas cuantas claves que podrían ser de ayuda para cualquier líder.

Ante todo, creo que debes examinar detenidamente tus propios pensamientos y sentimientos. ¿Te sientes inseguro en tu papel? Si éste es el caso, la respuesta es sencillamente "hacer tu tarea". Como discutimos en el capítulo 7, nada acabará con la inseguridad como el verdadero conocimiento de los productos y la experiencia gerencial.

¿Aparentas ser una persona pomposa? En otras palabras, ¿eres insensible a las necesidades y los sentimientos de otras personas y les das la impresión de ser distante y altivo? De ser así, te sugiero que cambies la percepción que otros tienen de ti siguiendo estas pautas:

- Sé siempre sincero con tus empleados. Si te piden información que no puedes revelar, diles que no puedes hablar de eso. Si te preguntan algo y no sabes la respuesta, diles también que no sabes la respuesta. La mayoría de las personas se dan cuenta rápidamente cuando alguien quiere despistarlos.

- Sé consistente con hechos y actitudes. Esto no sólo ayudará a los empleados a entenderte, también les permitirá desempeñarse con confianza.

- Mantente relajado y confiado al tratar con otras personas. Incluso algo tan obvio como hablar en un tono de voz calmado puede hacer que tus empleados se sientan tranquilos. Piensa las cosas antes de decirlas (asegúrate de que estás diciendo lo que en realidad quieres decir) y sé tú mismo.

- Cuando sea posible, di "nosotros" en lugar de "yo" al hablar sobre tu equipo con otras personas. Definitivamente se correrá la voz de que aceptas y respetas sus aportaciones.

- Por último, recuerda siempre tus orígenes y ten en mente que tu futuro depende de tu habilidad para trabajar bien con las personas. Aunque la pompa es algo que a todos nos fascina de vez en cuando, la pomposidad nunca es admisible y mucho menos en una líder.

Las directoras nacionales de ventas independientes
hablan hoy sobre los principios Mary Kay

"La maravilla de este negocio es que nadie es superior a otras personas. Todas empezamos igual. Todas estamos conectadas de alguna manera y, debido a este ambiente, la gente tiene el valor de apostar a sus habilidades —afirma **Mattie Dozier** de Estados Unidos—. Mary Kay nunca quiso que estuviéramos tan ocupadas o nos sintiéramos tan importantes que la gente que necesita de nuestro liderazgo sintiera que no es lo suficientemente importante como para darle nuestro tiempo. Nunca es bueno hacer que la gente se sienta como un pequeño pez en un estanque muy grande. ¿Cómo van a aprender si se sienten así?"

"La mujer tiene una tendencia natural a querer ejercer una influencia positiva en otras personas —dice **Mary Pat Raynor** de Estados Unidos—. Es genial que Mary Kay no requiere que cada posición gane una cantidad específica de dinero. Cada individuo decide exactamente cuánto quiere ganar y cuánto vale. Es conmovedor alcanzar el éxito influyendo con dedicación y amor en las vidas de los demás".

"La gente siempre puede encontrar un pretexto para el mal comportamiento o para tener problemas de actitud. Siempre les enseño que sus acciones es lo que verdaderamente cuenta. Para mí, hacer negocios al *estilo Mary Kay* es la única forma de hacer negocios", señala **Ree Foster** de Estados Unidos.

20 Sé una persona que soluciona problemas

No existe tal cosa como un negocio sin problemas y no importa qué tipo de negocio tengas, la mayoría de los problemas se relacionan con la gente. "Sobrevivir" o "sobrellevar" estos problemas, sencillamente, no es suficiente. Como líder, tú debes dar los pasos necesarios para resolverlos. Este proceso de solución de problemas tiene un patrón común:

1. Reconocer el problema

2. Analizar el problema

3. Definir soluciones alternativas

4. Seleccionar la mejor alternativa

5. Implementar la solución

6. Dar seguimiento y evaluar los resultados

El primer paso para resolver un problema es admitir que el problema existe

El hecho es que algunos problemas en el trato con la gente son más "reales" que otros. Primero debes considerar a los quejumbrosos crónicos. No importa cuán pequeño sea el problema, ellos lo harán parecer más elaborado. Pronto aprenderás a identificar a estos individuos en tu organización. No los ignores, pues de vez en cuando sí tienen una queja legítima. Claro que tienes que conocer tu negocio *y* a tu gente lo suficientemente bien como para poder distinguir lo real de lo imaginario o lo inventado.

La gente productiva usualmente está tan enfocada en su trabajo que no tiene tiempo para quejarse. Tampoco permite que los problemas triviales interfieran con su empleo. Una buena regla general es escuchar cada una de las quejas, pero presta atención especial a tu gente más productiva.

En cuanto a las líderes en el cuerpo de ventas independiente, recomendamos que las directoras de ventas dediquen 45 por ciento de su tiempo a la gente que recién comienza en el negocio, otro 45 por ciento de su tiempo a la gente con el mejor desempeño y el 10 por ciento restante a la gente que no va a continuar con su negocio. Es ese 10 por ciento restante donde surgen la mayoría de los problemas y ésa es la gente que acapara la mayor parte del tiempo de una directora de ventas. Estos porcentajes aplican a casi todos los negocios y los líderes que son eficaces en el trato con la gente saben que la manera más productiva de invertir su tiempo es desarrollando tanto a los novatos como a las personas con trayectorias productivas que los respaldan.

Determina si el problema es válido

Claro que cada problema debe examinarse para determinar su validez. Así que, resalto de nuevo la importancia de saber escuchar. Investiga si hay datos verificables o si el problema se ha fabricado o se ha sacado de proporción. Con un cuerpo de ventas independiente grande, seguramente recibiremos fuertes comentarios de muchas consultoras de belleza y directoras de ventas independientes si es obvio que algo está mal. Esto es particularmente cierto cuando se lanza un producto nuevo. Por ejemplo, cuando promovimos un nuevo delineador de cejas, muchas integrantes del cuerpo de ventas independiente se quejaron de que se rompía al sacarle punta. Nuestra investigación reveló que el problema no era el delineador, sino nuestro sacapuntas. Al cambiar a un sacapuntas de doble navaja, la punta ya no se quebraba. Aunque investigamos cada una de las quejas, cuando tantas mujeres nos escribieron para decirnos sobre el delineador de cejas, *supimos* de inmediato que el problema era real.

Sin embargo, no se debe suponer que hay un problema grave sólo porque se reciben muchas quejas. De vez en cuando, al hacer un gran cambio, la reacción inicial es negativa. No obstante, sabemos que mucha gente se resiste al cambio, incluso los cambios beneficiosos. Así que, aunque siempre tomamos las quejas en serio, es posible que luego de investigar descubramos que se justificaba el cambio, pero lo que importa es cómo lo comunicamos. Es aconsejable que revises previamente y con mucho cuidado tu presentación para anunciar cualquier modificación. Es posible que la manera en que presentas el cambio sea inadecuada y no el cambio en sí mismo.

Una buena líder escucha con atención para identificar el problema *real*

Hay personas que se quejan porque quieren atención. Necesitan un pretexto para incitarte a escucharlos, así que vienen a ti con un problema imaginario. Escúchalos con atención y quizá podrás leer entre líneas y descubrir qué es lo que realmente les molesta. Es muy probable que el problema se relacione con el letrero invisible del que hablé en el capítulo 3. Generalmente este tipo de conversaciones comienza así:

—Mary Kay, *tengo* que hablarte de un problema serio.

Así que hacemos una cita y, cuando la persona viene, usualmente comienza disculpándose:

—Bueno, Mary Kay, qué pena quitarte tu tiempo pero verás…

—Por favor, dime lo que te preocupa. No importa lo que sea —le digo.

En este momento, sólo me siento tranquilamente, escucho y asiento mucho. Con frecuencia, sin que yo resuelva nada en lo absoluto la persona termina la conversación diciendo:

—Mary Kay, no sabes cuánto agradezco que me dieras de tu valioso tiempo para ayudarme con esto.

Al final de la conversación, para mí es obvio que la persona no tenía un problema real, pero no lo sabía y para ella el problema era real. Todo lo que necesitaba era un poco de atención. Una vez que la obtuvo, su ánimo mejoró y se fue sintiéndose muy bien consigo misma. Si no le hubiese brindado esa atención, hubiese continuado creyendo que tenía un problema. Y, créanme, *eso* pudo haberse convertido en algo real.

Una líder tiene que reconocer cuando los problemas en el hogar causan problemas en el trabajo

Alguna gente habla sin cesar de un problema relativamente menor cuando ése no es el verdadero problema en lo absoluto. Lo que hace reaccionar a las personas de esta manera no tiene absolutamente nada que ver con el negocio. Esto sucede a menudo. Nuestra experiencia indica que cuando ocurre una baja significativa en el desempeño, muchas veces la verdadera causa es un problema no relacionado con el negocio. Casi siempre, se trata de una crisis personal relacionada por ejemplo con el matrimonio, los hijos, los padres ancianos, las finanzas familiares y la salud.

También, he observado que la mayoría de las mujeres se involucran más emocionalmente en sus relaciones interpersonales y que es menos probable que puedan dejar sus problemas personales en casa. Sin embargo, no debemos resentirnos con las mujeres por tener esta característica, ya que es eso mismo lo que las hace líderes sensibles y afectuosas.

He leído que la tasa de divorcio para las mujeres en posiciones ejecutivas es más alta que la tasa promedio. Algunas personas creen que una mujer de negocios exitosa tiene que descuidar a su familia para enfocarse en su carrera. Yo no pienso eso. Por el contrario, sospecho que muchas mujeres con empleos que no explotan al máximo sus capacidades permanecen en matrimonios infelices debido a limitaciones económicas. Una vez que obtienen trabajos con salarios más altos, un sentido de independencia económica les brinda opciones. Si esto es cierto, entonces la tasa de divorcio entre las mujeres ejecutivas podría no ser tan preocupante como parece a primera vista.

Por supuesto que algunos problemas matrimoniales están directamente relacionados con que, por generaciones, han existido normas de comportamiento distintas para hombres y para mujeres profesionales. Por ejemplo, está bien que un hombre tenga un trabajo demandante que lo mantenga fuera de su casa hasta las 10 u 11 de la noche, siempre y cuando llame a su esposa y le diga: "Cariño, tenemos auditoría esta noche. Voy a llegar tarde a casa." O bien: "Vamos a tener que cancelar ese viaje porque no puedo estar fuera de la oficina por tanto tiempo." O "No podemos ir a esa fiesta que tanto has esperado". En nuestra cultura, estas prerrogativas masculinas siempre han sido aceptadas. Pero si una mujer llama a su esposo para darle un mensaje similar, las cosas cambian por completo. ¿Cuál es el remedio para las diferencias en estas normas de comportamiento? En primer lugar, opino que una mujer tiene que explicarle a su esposo la naturaleza de su trabajo y su nivel de compromiso con él para alcanzar el éxito. Ella podrá obtener su apoyo sólo cuando él entienda que las metas profesionales de ella no son una amenaza para su relación ni para otras obligaciones.

Con el cuerpo de ventas independiente, una manera en que podemos obtener el apoyo de los cónyuges es invitándolos a que asistan a los eventos patrocinados por la compañía. Cuando una consultora de belleza o directora de ventas independiente trae a su cónyuge, lo invitamos a asistir a clases especiales además de actividades recreativas, como torneos de boliche y juegos de golf. Hemos descubierto que mientras mejor entiende un cónyuge la naturaleza de este negocio, más apoyo le brindará a su esposa. Una vez que el cónyuge entiende las metas de su esposa, hay menos probabilidades de que diga: "Por el

amor de Dios, ¿cuánto tiempo toma esa clase del cuidado de la piel?"
En lugar de ello, hasta estaría dispuesto a ayudar en la casa varias veces
a la semana cuando se da cuenta de lo que significa el negocio para
el desarrollo personal de su pareja y para la economía familiar. Sin el
apoyo del cónyuge, las personas en cualquier tipo de negocio trabajan con impedimentos que podrían desgastar incluso a la persona más
fuerte.

Descubre las posibles soluciones al problema

Un importante paso en el proceso de solución de problemas es diagnosticar la naturaleza exacta del mismo. También en este caso la líder
debe trabajar de cerca con su gente. Utilizar este recurso y pedirles que
ayuden a definir el alcance del problema. Durante este análisis, considera esta pregunta: ¿Todos los aspectos de este problema están bajo tu
responsabilidad (o la de tu departamento)?

Si el problema viene de algún lugar fuera de tu control, ¿puedes
cambiar el patrón, implementar medidas correctivas en otro lugar o
adaptar el problema de acuerdo con la manera en que éste te afecta?
Imaginemos que eres la líder de un departamento que ensambla un
producto hecho con piezas que vienen de otras compañías, pero algo
no anda bien. El producto terminado no funciona y tienes un problema. Harás un diagnóstico analizando cada pieza del producto, mirando
detenidamente las características de cada paso en el proceso de ensamblaje y examinando minuciosamente el producto final. Por último,
identificarás el problema: uno de los componentes es muy grande. Este
descubrimiento te llevará al tercer paso en el proceso de resolución de
problemas: determinar soluciones posibles.

Una líder inteligente usará nuevamente a su gente en esta etapa
del proceso. Un ambiente de trabajo cómodo y realmente libre puede
traerte grandes beneficios porque es aquí donde tu gente puede arriesgarse y pensar en posibilidades de soluciones creativas. Después de mucha discusión, tú y tu personal podrían determinar que pueden cambiar

de proveedores, cortar la pieza que es demasiado grande o modificar el producto final.

Por lo común, se requiere que elijas entre todas las soluciones posibles. Si durante tu operación de ensamblaje hipotética, descubres que tus trabajadores no pueden cambiar de proveedor, ni pueden cortar unos centímetros de la pieza que es muy grande, entonces podrían determinar que la mejor alternativa es ampliar el espacio en el cual se va a colocar ese componente. Claro que para seleccionar la mejor alternativa debes considerar factores como el costo, el tiempo, el uso del personal y la calidad del producto final.

El siguiente paso del proceso de resolución de problemas es la implementación. Aquí puedes aplicar los pasos necesarios para implementar los cambios que explicamos en el capítulo 10. El último paso es cumplir cabalmente con tu responsabilidad para asegurarte de que el problema en realidad se solucionó y para evaluar la calidad de la "solución".

Como líder debes estar preparada para lidiar con una gran variedad de problemas. Algunos serán reales, otros imaginarios, pero la mayoría tendrán un poco de ambas cosas. Escucha a todo el mundo y mantente receptiva. Finalmente, y quizás esto sea lo más importante, recuerda el viejo refrán: "No hay que arreglar lo que no se ha roto".

Las directoras nacionales de ventas independientes hablan hoy sobre los principios Mary Kay

"Los problemas resueltos ya no te bloquean. Esto te libera para aceptar nuevos retos", señala **Rosemarie Sczech** de Alemania, cuya hija decidió iniciar un negocio Mary Kay tan pronto cumplió los 18 años de edad.

"Cuando eres dueña de tu propio negocio —afirma **Kathy Rasmussen** de Estados Unidos— tienes que estar dispuesta a salirte

de tu zona de comodidad. Debes especializarte en resolver problemas y acabar con ellos de raíz".

"Las mujeres tienen buena intuición —dice **Elizabeth Ozua**,
pionera en el Reino Unido, quien ahora maneja su sexto Mercedes rosado—. Cuando combinas esto con la práctica de elogiar
a las personas en tu camino al éxito y las destrezas para resolver
problemas, tienes un ambiente libre para el crecimiento".

"Siempre hay problemas en cualquier tipo de negocio —dice
Wanda Janes de Estados Unidos—. Y siempre he visto que
mientras mejor preparada estés para resolver los problemas, más
rápidamente podrás ayudar a que las cosas sigan adelante y mayor
éxito tendrás".

21 Menos estrés

Un buen líder reduce el estrés de la gente. Si una persona está en medio de un divorcio, cuidando de un padre anciano con problemas de salud o quizás a punto de declararse en bancarrota, es probable que esté bajo un estrés considerable. Los expertos médicos argumentan que el estrés severo puede causar padecimientos serios como enfermedades del corazón o cáncer. No se sabe exactamente cómo o hasta qué punto el estrés afecta a cada individuo. Sin embargo, por lo menos se sabe que el estrés puede ser muy destructivo para el trabajador y el patrón. Así que cada líder debe trabajar para reducir el estrés en el lugar de empleo.

Ten en cuenta que no he dicho que hay que "eliminar" el estrés. Considero que es bueno e incluso necesario tener un *poco* de estrés. Por ejemplo, todos sabemos que un corredor de distancias largas probablemente tendrá un mejor desempeño en el fervor de una competencia fuerte. O bien, un esquiador o patinador sobre hielo olímpico puede establecer una marca mundial bajo la presión competitiva de una oportunidad que sólo se da una vez en la vida. De la misma manera, los actores logran su mejor actuación ante el público que cuando están en una sala de ensayos vacía. John Barrymore decía que el día que no te sintieras nervioso en el escenario, perderías a tu público. Yo, como vendedora y como oradora, muchas veces he sentido que me sube la adrenalina como respuesta normal del cuerpo ante el estrés. Como todos sabemos, bajo ciertas condiciones, el estrés puede mejorar nuestro desempeño y por eso no lo queremos eliminar por completo. Por el contrario, tenemos que reconocer los diferentes tipos de estrés y las distintas circunstancias bajo las cuales puede ayudarnos o hacernos daño.

El estrés puede considerarse beneficioso cuando un sentido de urgencia trae como resultado un desempeño superior. Algunos ejecutivos, por ejemplo, se destacan bajo la agitación que sienten al estar bajo presión para terminar a tiempo un trabajo urgente. Otros sienten una tensión emocionante al trabajar con personas muy talentosas que los retan a tener su mejor desempeño. También otras personas se sienten motivadas a trabajar como nunca antes lo habían hecho debido al estrés de trabajar en grupo porque la obligación de hacer el mejor trabajo posible se combina con el miedo de decepcionar al equipo. Este tipo de desempeño sobresaliente bajo el estímulo del estrés es muy admirado porque los resultados son positivos y revitalizadores.

Un ambiente cordial y productivo comienza contigo, la líder

Este tipo de estrés es una ventaja, pero otro tipo de estrés puede ser muy destructivo en los negocios y socava la moral y la productividad. Como líder, creo en generar un ambiente de trabajo cordial y relajado. La vida es demasiado corta para trabajar de otra manera. Como ya he dicho en repetidas ocasiones, la gente tiene un mejor desempeño cuando está contenta y se siente cómoda con sus líderes. Entonces, es obvio que una atmósfera cordial y productiva comience contigo, la líder. Tus estados de ánimo afectan directamente los de quienes trabajan para ti. Un líder que se lleva bien con la gente creará menos estrés entre sus empleados que un líder dictatorial a quien le gusta criticar a la gente. He trabajado para "dictadores" que siempre estaban a la expectativa, listos para ponerse hostiles conmigo a la menor provocación. He trabajado en oficinas donde las rabietas llenaban la oficina de tanta tensión que se podía cortar con un cuchillo y he laborado en oficinas donde todo el personal tenía tanto miedo de levantar los ojos de su trabajo que casi se podía ver el sudor en las frentes de todos. Ése es el tipo de estrés que no necesitamos.

Un líder usualmente tiene la autoridad para despedir a un empleado o decidir su futuro dentro del departamento. Un empleado que ha perdido el favor del jefe puede vivir continuamente con miedo a que lo reprendan, lo bajen de puesto o lo despidan. Esto causa estrés.

Una relación de trabajo de este tipo no ofrece seguridad de empleo. He estado en esa situación y no se la deseo a nadie. Por esta razón, hago un gran esfuerzo por crear un ambiente totalmente opuesto a éste; un ambiente en el que la gente sepa que verdaderamente me importa su bienestar y como ya lo he destacado varias veces en este libro, cuando a un líder le importa su gente, los buenos sentimientos que ello genera prevalecen en toda la organización.

Un líder indeciso le causa estrés a los demás

He observado que la gente se siente más segura en el trabajo cuando tiene un líder decidido. Un líder que no puede enfrentarse a un problema y tomar una decisión le causa estrés a su gente. En una ocasión, un gerente de ventas de distrito de una compañía distribuidora de equipo de oficina me confesó: "Mary Kay, estoy totalmente frustrado con mi trabajo. El vicepresidente de ventas me dijo que mi territorio tenía un desempeño muy malo y añadió: 'Quiero que las ventas en tu territorio vayan viento en popa. Haz lo que tengas que hacer para lograrlo'. Nunca me ha dado una cuota, así que no tengo idea de cuáles son sus expectativas de producción para mi territorio. Tampoco entiendo por qué dice que estamos decayendo, si nuestro volumen de ventas aumentó durante el año anterior. A mis vendedores les va bien y damos un buen servicio a nuestras cuentas. Le he pedido que sea más específico, pero se niega a serlo. Sólo me dice: 'Es tu trabajo decidir qué tienes que hacer'". No es de sorprenderse que este gerente de ventas de distrito se sintiera frustrado y muy estresado. Cuando la gente no sabe cuáles son tus expectativas, la ansiedad se apodera de ellos.

Un buen líder indica el camino a seguir

La gente quiere un líder fuerte; un líder que les dé un sentido de dirección. Se sienten cómodos con un líder que les dice exactamente lo que quiere y lo que espera de ellos. A veces, las personas que trabajan con este tipo de líder lo describen como un líder "fuerte", pero con este tipo de líder por lo menos sabes cuál es tu situación. Claro que sí hay tal cosa como una persona demasiado decidida; por ejemplo, un líder con un carácter tan fuerte que nadie se atreve a estar en desacuerdo con él, incluso cuando es obvio que está equivocado. Bajo estas circunstancias, los empleados evitan los enfrentamientos. "Una vez que toma una decisión —comentan— no tiene caso discutir con él. Él es el jefe y es alguien a quien nunca quisiera enfrentarme". Hay una gran diferencia entre un líder decidido y un tirano.

También, existe una gran diferencia entre un líder que se esfuerza por alcanzar la excelencia y alguien rígido y perfeccionista al grado de no dar su brazo a torcer. Un perfeccionista puede ejercer presión innecesaria sobre su gente porque nadie puede trabajar bien cuando se tienen expectativas demasiado altas y poco realistas.

Así que aunque es admirable querer alcanzar la excelencia, es necesario tolerar el fracaso en un mundo imperfecto. No es realista esperar la perfección siempre. Por esta razón, una líder no debe establecer objetivos que requieran que la gente alcance lo inalcanzable.

Tampoco creo en imponer plazos que no son realistas. Es una falta de consideración que un líder asigne suficiente trabajo para tres días a una persona y luego le dé la orden de terminarlo para el día siguiente. Conozco al presidente de un banco grande, quien es famoso por esperar hasta el último minuto para asignar una tarea importante que no es posible terminar en el tiempo provisto. Sus plazos poco realistas someten a sus empleados a una gran cantidad de estrés innecesario.

Asimismo, un líder debe asignar tareas claras y concisas. La gente se frustra cuando sólo se les dice:

—Haz algo al respecto.

—¿Qué es lo que quiere que haga? —pregunta el empleado.

—Oye, no puedo explicarte con lujo de detalle. Sólo hazlo, ¿quieres? Estoy ocupado y no tengo tiempo para ti —le dice el líder enojado. Obviamente, una orden imprecisa o ambigua puede crear estrés y reducir la productividad.

Las personas que ascienden demasiado rápido en la escalera corporativa y ocupan puestos para los cuales todavía no están listas, están sujetas a un estrés enorme. En mis tiempos, muchas corporaciones que anteriormente habían sido culpables de esto luego exageraron en sus esfuerzos apresurados por corregir estos errores. Por esta razón, advierto en especial a las mujeres que eviten que se les dé el papel simbólico de la mujer gerente, sólo para guardar las apariencias. He visto compañías que ascienden a personas a puestos que están fuera de sus capacidades y, de este modo, les causan un estrés considerable. En las industrias en las que recientemente se han eliminado las barreras para las mujeres, la presión es aún mayor. Una mujer que había ascendido de asistente de contador a vicepresidente financiero de una reconocida compañía de herramientas de precisión en el breve periodo de seis años me aseguró: "Estoy al borde de un ataque de nervios, Mary Kay. Por lo menos cuatro hombres con puestos más bajos que el mío están mejor preparados que yo, pero mi empresa requería una mujer en la suite ejecutiva y da la casualidad de que yo era la única candidata. Siento que los líderes masculinos de la organización están resentidos por mi ascenso. A veces creo que todos están ahí esperando que fracase. Admito que el trabajo está por encima de mis capacidades, pero si renuncio, quedaré desempleada y tendré que buscar empleo. Así que cuando no estoy en la oficina, ocupo mi tiempo libre haciendo mi tarea. Al principio mi esposo y mis hijos me apoyaban, pero ya están hartos. La presión me está afectando tanto dentro como fuera del trabajo".

También he visto que algunos líderes se esfuerzan demasiado por imitar a los ejecutivos. Muchas veces ocurren cambios de personalidad durante este proceso. Es muy común escuchar comentarios como: "Ella ya no sonríe", "Parece que él perdió su sentido del humor" o "No me había dado cuenta del mal carácter que ella tiene, se enfada muy rápidamente". Para ser aceptados en el "club de los chicos" muchos gerentes recién ascendidos comienzan a usar palabras soeces y por esto pueden perder el respeto de sus asociados, tanto hombres como mujeres. Yo nunca empleo palabras soeces y como no lo hago, las personas que me rodean tampoco lo hacen. Honestamente, no pienso que muchas mujeres se sientan cómodas utilizando lenguaje vulgar y tampoco respetan a quienes lo hacen. Es degradante para cualquiera hablar de una forma que no es natural para ellos. En consecuencia, cuando las mujeres gerentes imitan a los hombres para lograr la aceptación, no pueden evitar estresarse. Pero actuar en forma natural, como siempre lo hace, es la manera más efectiva de ascender por la escalera corporativa. Así, trae una nueva perspectiva que es bien recibida en la suite ejecutiva.

El cambio puede producir estrés

Los cambios, tanto buenos o malos, son otra de las causas principales del estrés. Prácticamente todos los psicólogos te dirán que algunas personas pueden enfermarse gravemente debido al estrés ocasionado por cambios importantes, como por ejemplo la muerte de un ser querido, un divorcio o la pérdida de un empleo. Incluso una ocasión feliz, como el matrimonio, puede provocar estrés que, a su vez, puede causar un problema de salud. No importa la naturaleza del cambio, éste puede ser estresante para algunas personas. Teniendo esto en mente, los cambios se deben implementar gradualmente dándole suficiente tiempo a tu gente para que se ajuste a ellos y, de ser posible, tu gente debe estar involucrada en las primeras etapas de tales modificaciones. Recuerda, la gente apoyará lo que ayuda a crear. Cuando hacemos cualquier cambio que afecta al cuerpo de ventas independiente —revisiones a las escalas de comisiones, aumento de precios o cambios en la educación o las técnicas de desarrollo de equipo— les notificamos con anticipación para que todas tengan suficiente tiempo de efectuar los ajustes correspondientes.

Siempre hemos trabajado arduamente para crear una atmósfera menos estresante para nuestra gente y tomamos cartas en el asunto para hacer de esto una realidad. Para lograrlo, le hacemos saber a todo el mundo que cada líder está disponible cuando alguien tiene un problema. Además, animamos a cualquier empleado con problemas a que lo exprese. Considero que si un individuo está bajo mucho estrés, lo primero que hay que hacer es enfrentar el problema. Desatenderlo sólo logrará que se intensifique.

Con frecuencia, la gente me comenta: "Mary Kay, en tu puesto actual y con tanta responsabilidad, debes tener mucho más estrés que el que tenías al principio de tu carrera". Aunque al parecer muchos creen que la cantidad de estrés que enfrenta un individuo aumenta en proporción directa a sus responsabilidades, yo no estoy de acuerdo con ello. Para mí, el estrés era mucho más grande cuando tenía que preocuparme por tener suficiente dinero para pagar el alquiler y dar de comer y comprarles ropa a mis hijos. La inseguridad que viví a raíz de esa incertidumbre era mucho mayor que la que enfrento en la suite ejecutiva y aunque ya han transcurrido años desde que iniciamos nuestro negocio, no he olvidado cómo se siente estar bajo ese tipo de estrés. Pienso que cada líder haría bien en recordar los días antes de ser gerente. Esto ayuda a poner las cosas en una mejor perspectiva y a entender, por experiencia propia, los problemas de estrés de las personas que trabajan para ti.

Las directoras nacionales de ventas independientes hablan hoy sobre los principios Mary Kay

"La primera vez que oí hablar sobre Mary Kay, no creí que fuera adecuado para mí. Pensé que era para la mujer estadounidense. A medida que obtuve más detalles, me di cuenta de que es posible disfrutar de tu trabajo a plenitud. Siempre les digo que el trabajo no debe ser motivo de estrés o sacrificio —señala **Mónica Medina Oliver** de Argentina—, sino motivo de felicidad y esta idea la debemos transmitir a nuestras familias".

"Como mujeres que trabajan mayormente en sus negocios desde la casa, el estrés puede venir de los malos hábitos y la mala organización. Mary Kay creía que se debe establecer un horario de trabajo desde el principio, aunque sea un horario escalonado, y desarrollar pautas para trabajar y cumplir con las necesidades de nuestras familias. Si podemos hacer ambas cosas, no cometeríamos el error más común: la falta de organización", advierte **Eddie Howley-Beggrow** de Estados Unidos.

"Nadie puede florecer bajo presión constante. Es malo para tu mente y tu salud", afirma **Mary Diem** de Estados Unidos, quien ha encontrado gran satisfacción animando y alentando a otras mujeres.

"La única manera de motivarte es disciplinándote. Una de las cosas que reduce mucho el estrés es una pequeña herramienta de la cual todavía dependo: la lista de las seis cosas más importantes por hacer —asegura **Wynne Lou Ferguson** de Estados Unidos sobre la práctica de establecer prioridades para el día siguiente antes de salir de la oficina con la lista de las seis tareas más importantes para el día *siguiente* —. Aprender a usar esta lista es lo primero que debes hacer cuando eres contratista independiente. Debido a que tenemos un negocio independiente, debemos estar motivadas y tener disciplina".

22 Haz que tu gente se supere

En Mary Kay Inc. creemos en ascender a la gente que ya trabaja en la compañía. Casi siempre, no contratamos a nadie de afuera si ya tenemos un empleado calificado. Cuando hay un puesto disponible, el gerente de departamento presenta de modo formal una descripción del puesto que posteriormente se anunciará para que puedan solicitarlo las personas calificadas, independientemente del trabajo que tengan en ese momento. Si una persona no está contenta con su trabajo actual, si cree que el nuevo trabajo representa una oportunidad de ascenso y si cree que está calificada, puede solicitar el puesto. Entrevistaremos a todos los empleados interesados y, en ocasiones, hasta 25 personas han solicitado el mismo puesto. Sólo después de entrevistar y considerar cuidadosamente a todos los solicitantes, buscamos a alguien fuera de la empresa para ocupar el puesto. En muchos casos, le damos el puesto a uno de nuestros empleados. Por lo regular hacemos excepciones cuando se trata de profesiones muy especializadas como por ejemplo químicos, microbiólogos o abogados.

Este sistema funciona muy bien para nosotros. Es interesante observar cómo aumentan las responsabilidades y los salarios de los empleados con el paso de los años.

Estas oportunidades de crecimiento individual generan un ambiente saludable que fomenta que los empleados piensen en términos de una carrera a largo plazo con la organización. De esta forma, queda claro para los empleados que recién comienzan que no tienen que quedarse para siempre en un puesto. A alguien que trabaja 40 horas a la semana en una máquina tapadora, le da la esperanza de que no se quedará ahí por cinco años a no ser que así lo desee. Un empacador en el almacén, un gerente de contabilidad o un programador de computadoras puede encontrar otro trabajo en la compañía si no le gusta su trabajo actual. Si está dispuesto a mejorar sus destrezas y a mejorar sus conocimientos sobre cómo opera la empresa, hay muchos puestos disponibles. Es cuestión de buscar trabajos para los cuales esté calificado. Esto reduce al mínimo los cambios en el personal. Creemos que perder un empleado es un alto precio que pagar después de pasar meses capacitándolo.

Los efectos de este sistema también se esparcen por toda la corporación. Por ejemplo, cuando se abre un puesto de gerente, podrían solicitarlo catorce personas. Luego de escoger una persona, otras dieciocho personas quieren el puesto de esa persona. Y cuando alguien *ocupa* ese puesto, quizás alguien ocupa el segundo puesto y así sucesivamente. Al mover una de las piezas en el tablero, después tendrás que mover otras cinco o seis piezas. Cuando se ocupa un puesto, surgen otras vacantes.

Muchas veces capacitamos personas para que puedan hacer varios trabajos en lugar de sólo uno. De esta manera, es más fácil que una persona esté calificada para diferentes funciones. Por ejemplo, en el área de empaque de la planta manufacturera, todos los trabajadores rotan con regularidad de trabajo en trabajo para que finalmente todos puedan realizar cualquier trabajo en el departamento. Así eliminamos el aburrimiento de hacer el mismo trabajo repetitivo día tras día y año tras año. Además, disminuimos el ausentismo y, cuando alguien se enferma, tenemos la flexibilidad de cambiar los trabajos asignados. Al cabo de un año, un empleado nuevo en el área de empaque de la planta manufacturera puede trabajar en varios puestos dentro del departamento y desarrollar un buen nivel de competencia en cada trabajo. Si la persona asignada a la máquina tapadora se ausenta durante un tiempo, podemos asignarle ese trabajo a otra persona. De no tener un sistema de apoyo como éste, podríamos enfrentar serios problemas de producción. Por ejemplo, imagina cuánto tiempo podría detener la producción una epidemia de influenza, si varios trabajadores se ausentaran a la vez y nadie más pudiera reemplazarlos.

Hoy, Mary Kay desarrolla, hace pruebas, fabrica y empaca la mayoría de sus productos en Estados Unidos en nuestras instalaciones manufactureras con tecnología de vanguardia localizadas en Dallas. Estas instalaciones cuentan con cerca de 430,000 pies cuadrados, 35 tanques procesadores y 27 líneas de empaque que son capaces de producir aproximadamente 1 millón de unidades diarias. Las líneas de producción operan las 24 horas del día, seis días a la semana y nuestro compromiso con la seguridad y la excelente calidad es nuestra prioridad número uno. En 2006, Mary Kay abrió una segunda planta manufacturera en China que fabrica productos para esa región.

Un buen líder capacita a su sustituto

Para que un líder reciba un ascenso, debe tener a una persona que lo sustituya. Todo líder se da cuenta de que sus ascensos dependen en parte de lo bien que capacite a otras personas para que puedan tomar su puesto actual. Aceptémoslo, si no hay nadie que pueda ocupar el lugar de ese líder, no podemos darle el ascenso. Por lo tanto, todo líder debe darse cuenta de que nadie en la compañía es indispensable. Y la persona que trate de hacerse indispensable negándose a capacitar a un sustituto, en realidad hará que su ascenso sea menos probable y quedará atrapado en una calle sin salida. La esencia de un buen desarrollo organizacional es un equipo de líderes que reconozca la importancia de desarrollar la competencia de quienes finalmente tendrán que asumir la responsabilidad del trabajo que ahora hace el líder. ¡Y

mientras mejor capacitadas estén esas personas más crédito merece el
líder! Claro que, en ocasiones, hay personas que permiten que su ego
interfiera con esto. Quizá por inseguridad, sienten miedo de capacitar
a su sustituto. Pero ésta es una visión muy restringida porque no se
percatan de que en nuestra organización, impedir el progreso de otros
limita severamente el suyo.

Busca ayuda en todos los niveles

Los empleados con experiencia son de gran ayuda para cualquier líder.
Creo que es sabio hacerle saber a esa persona cuánto vale: "Necesito
tu ayuda, de hecho, no puedo hacer mi trabajo sin ti". No es mala idea
buscar otros empleados con experiencia que te ayuden. De la misma
manera, un líder debe establecer metas de competencia para sí mismo y
quizá tomar cursos adicionales en temas afines para mejorar sus destrezas generales.

Algunas veces, me han preguntado si considero que una mujer debe
rechazar un ascenso y admitir que no puede enfrentar las presiones del
trabajo. Si éste está mucho más allá de sus capacidades, tendría que decir
que sí, pero, en la mayoría de los casos, el ascenso no está más allá de sus
verdaderas habilidades. Con paciencia, honestidad y trabajo arduo, una
mujer puede hallar otras personas dispuestas a ayudar.

Tengamos la esperanza de que todas las compañías se den cuenta de
que hay muchas mujeres talentosas en sus organizaciones y que éstas
representan una fuente de liderazgo aún sin explotar. Tal vez, cuando
lo hagan pondrán especial atención a la cualidad que con frecuencia
llaman "intuición femenina" y acepten la nueva perspectiva que esta
cualidad puede traer a la suite ejecutiva. Aunque en el pasado esta cualidad se consideraba fugaz, los expertos en ciencia cognitiva y aprendizaje reconocen ahora que la intuición es un proceso de pensamiento
altamente desarrollado. En lugar de ser algo que "surge de la nada", la
intuición es algo totalmente lógico. Es observar, resumir y recopilar
innumerables patrones del comportamiento humano. Una persona sabe

algo "por intuición" porque puede predecir con precisión las consecuencias razonables de algo. En mi experiencia, las mujeres son más
hábiles que los hombres en este aspecto. Al parecer, su intuición les dice
cómo se sentirán y cómo reaccionarán otras personas.

En una compañía bien administrada que ofrece las mismas oportunidades de desarrollo para todo el mundo, la crema siempre sube a la
superficie. De hecho, un estudio reciente de las empresas mejor administradas de Estados Unidos demuestra que éstas están estructuradas de
una manera que *garantiza* que las mejores personas reciban ascensos a
los más altos niveles de la gerencia. Opino que es señal de debilidad que
una compañía no pueda desarrollar un equipo de líderes con su propia
gente. Nada prepara mejor a alguien para las responsabilidades del liderazgo que capacitarte mientras trabajas en la organización.

Desarrolla tu negocio con gente dentro de la organización

En el cuerpo de ventas independiente, cada persona comienza al mismo nivel como consultora de belleza independiente. Nunca hacemos
excepciones. En 1967, cuatro años después de que iniciamos la compañía, un grupo de empresarios nos ofreció 100,000 dólares por una
franquicia exclusiva en Birmingham, Alabama. Aunque en aquel entonces se trataba de una gran cantidad de dinero, rechazamos la oferta.
En otra ocasión, varias gerentes de un competidor que ya no existe se
nos acercaron para pedirnos posiciones clave en el cuerpo de ventas
independiente. Querían comenzar como directoras de ventas, pero les
informamos que tendrían que comenzar como lo hacía todo el mundo:
como consultoras de belleza independientes.

—Pero Mary Kay —dijeron—, nosotras hemos trabajado como re-
clutadoras, capacitadoras y gerentes de ventas durante más años que los
que tú llevas con tu negocio.

—Si son tan buenas como dicen —expliqué—, sólo les tomará unos
seis meses aprender sobre nuestros productos, filosofía y plan de merca-

deo. Luego pueden comenzar a desarrollar y educar sus propias unidades, pero traer personas de afuera como directoras de ventas destrozaría la moral del cuerpo de ventas.

Estas mujeres no estaban dispuestas a comenzar como consultoras de belleza y, aunque parecían muy competentes, nos rehusamos a aceptar su propuesta. Conozco otra compañía de ventas directas a la que una vez le ofrecieron 50,000 dólares por una franquicia en la ciudad donde tenían mayor volumen de ventas. El presidente de esta corporación le comentó al gerente del territorio que tenía que igualar su producción a esa oferta o de lo contrario tendría que vender la franquicia. El gerente, quien además era el gerente de ventas número uno de la compañía, quedó tan desolado que renunció. Cuando se corrió la voz de lo que ocurrió en la organización de ventas, casi todos los demás renunciaron también. En una empresa de ventas directas, sencillamente nada sustituye el desarrollo de la gente dentro de la compañía.

Lo mismo aplica a todas las corporaciones saludables; todos tienen que saber que los ascensos se basan en el desempeño individual. Tienen que tener la certeza de que, si se destacan, merecen el ascenso y lo recibirán. De la misma manera, tienen que darse cuenta de que, a medida que crece el valor que ellos tienen para la compañía, ésta también crece, porque sin crecimiento las oportunidades de ascenso son limitadas. Hay un viejo refrán que señala: "Cuando estás creciendo, estás fresco, pero al madurar, te pudres". Un negocio no puede estancarse. Cuando el crecimiento se detiene, una empresa no puede ofrecer nuevas oportunidades de trabajo ¡a menos que alguien renuncie o se jubile! En un ambiente como éste, la gente con mayores probabilidades de quedarse es la menos productiva.

La gente capaz necesita oportunidades y retos. Esto genera entusiasmo y mantiene un ritmo acelerado de actividad en la compañía. Cada líder debe sentir que está en el lugar correcto en el momento justo. Puedes evaluar tus propias circunstancias haciéndote esta sencilla pregunta: luego de dormir toda la noche, ¿te despiertas renovado y ansioso de enfrentar un problema interesante o una nueva idea? O bien, ¿te obligas a levantarte de la cama a regañadientes para prepararte para otro día más "de vuelta al yugo"? Si la segunda alternativa describe mejor tu experiencia, probablemente tengas un trabajo inapropiado y hasta deprimente para ti. Pero si la primera alternativa describe mejor tu experiencia, no sólo tendrás una buena actitud, tendrás una emocionante oportunidad profesional.

Las directoras nacionales de ventas independientes hablan hoy sobre los principios Mary Kay

"Lo importante de esta Compañía es que cada persona trae bondad y la bondad se propaga" —afirma **Irina Maniak** de Rusia, quien era una joven madre que trabajaba en su tesis en una universidad de San Petersburgo cuando asistió a una clase del cuidado de la piel Mary Kay—. Esto ocurre todos los días en todas las ciudades de todos los países. Tengo muchas integrantes de equipo en toda Rusia y cuando nos reunimos hay una relación increíble entre estas mujeres y sus familias; entre estas mujeres y sus clientas". Dado que Mary Kay creyó en desarrollar a otras y en llevarlas consigo a lo largo del camino para que se convirtieran en líderes, Irina vio el desarrollo de una filosofía de "propagar la bondad". Irina además añadió: "Mary Kay nunca me conoció, pero ha cambiado radicalmente mi vida".

María Monarrez de Estados Unidos le prometió a Mary Kay que siempre manejaría un Cadillac rosado y fue esa promesa lo que la hizo darse cuenta. "El bien que haces por los demás se convierte en algo positivo para ti en el futuro. En donde vivía, la escuela terminaba en el sexto año, así que me enviaron donde una tía para poder continuar mis estudios". Después de obtener su título universitario, aprendió a infundir confianza en las mujeres que conocía y encontró felicidad ayudando a otras a mejorar su estilo de vida tal y como ella lo hizo.

"Mary Kay me enseñó a creer en la gente antes de que ella creyera en sí misma —señala **Donna Floberg** de Estados Unidos—. Al predicar con mi ejemplo y llevar personas conmigo en mi camino al éxito, les explico que en Mary Kay no hay ascensores, pero puedes llegar tan lejos como desees y seguir adelante, un paso a la vez".

23 Vive según la Regla de Oro dentro y fuera del trabajo

Creo de todo corazón que la Regla de Oro tiene que ponerse en práctica los siete días de la semana; no sólo el domingo. Y pienso que debe practicarse en todas nuestras relaciones, tanto profesionales como personales. Cuando pones en práctica esta regla, cada decisión se convierte en la decisión correcta.

Considero que debes aplicar estos principios dentro y fuera del trabajo. Si la compasión y el trato justo son positivos para los negocios, ¿por qué no mantener esas mismas excelentes cualidades fuera de la oficina? ¿Por qué no hacerlo en casa, por ejemplo? Mantener tus prioridades de primero Dios, segundo la familia y tercero la carrera, de alguna manera mantiene la armonía en tu vida. Aunque todos tenemos un valor incalculable como personas, la gente más importante en nuestra vida es nuestra familia y nuestros amigos.

Sin embargo, con demasiada frecuencia desatendemos a nuestros seres queridos y damos por hecho que siempre van a estar ahí en las mañanas cuando sales al trabajo y en las tardes cuando regresas a casa. Algunas mujeres no piensan en su apariencia cuando están con sus esposos y sus hijos, aunque éstas son las personas más importantes en su vida. La mayoría de las veces que se "arreglan", lo hacen para extraños. ¿No crees que debería ser al revés? Y claro, la mayoría de los hombres también son culpables de esto y se preocupan más por su apariencia ante los ojos de sus compañeros de trabajo que ante los de su familia.

Es fácil no hacerle caso a nuestra familia por estar muy enfocados en nuestro trabajo. Tienes que esforzarte para ser atenta. ¿Acaso estamos demasiado cansados para hacer este esfuerzo por nuestra familia? Tú dices: "¿Para qué molestarme? Ellos me aceptan tal y como soy". ¿Pero crees que ellos deberían estar obligados a hacerlo? ¿Cuántos hombres y mujeres de negocios pasan la mayor parte de su día laboral en el teléfono o en reuniones y luego apenas le hablan a su cónyuge y a sus hijos cuando regresan a casa? Recientemente, un hombre se quejó conmigo de su esposa, una ejecutiva de mercadeo: "Julia habla sin parar con el resto de las personas, pero rara vez me habla en casa. Y parece que no escucha nada de lo que le digo. Ella me dice: 'Cariño, eres el único con quien puedo estar y sólo ser quien soy'".

Obviamente, ella no entendió el mensaje que le dio su esposo: "Me siento desatendido y sin amor". Sé lo que es estar exhausta tras un día entero de trabajo, pero creo que su esposo merece la misma cortesía que tiene con sus compañeros de trabajo en la oficina. Sí, esto requiere esfuerzo, pero ése es el precio que hay que pagar por las buenas relaciones personales tanto dentro como fuera del trabajo.

Igual que comunicarte con tus compañeros de negocios, también requiere esfuerzo comunicarte con tu cónyuge. ¿Alguna vez has visto parejas casadas comiendo en un restaurante sin decirse una palabra y sin apenas cruzar mirada? Uno de ellos habla sin parar mientras el otro parece no escuchar una palabra y, de vez en cuando, el que habla mucho regaña al otro diciendo: "¿Quieres escucharme por favor? ¡No has escuchado una sola palabra de lo que digo!"

Recuerda ese letrero invisible: todos necesitan sentirse importantes. ¡Y nadie cuenta más que tus seres queridos! Ellos también tienen un letrero invisible. Ellos también necesitan elogios. Sabes lo valioso que es decirle a un empleado: "Hiciste un trabajo estupendo en la cuenta XYZ. Sigue trabajando así". Lo mismo ocurre con tu familia.

Ellos añoran ese mismo espaldarazo y responderán como corresponde. Cuando merezcan elogios, no dejes de dárselos. Puedes decirles: "Cariño, esa carne que preparaste esta noche te quedó deliciosa". O bien: "Mateo, acabo de leer tu ensayo y quedó muy bien. Estoy orgullosa de ti hijo". O bien: "Jazmín, sé que estás triste porque no ganaste el partido de tenis, pero creo que hoy jugaste como nunca antes lo habías hecho. No hay deshonra en perder cuando has hecho tu mejor esfuerzo y, si continúas jugando así, sé que ganarás muchos más partidos". Sólo tienes que mirar a tu alrededor, nunca faltan razones para elogiar a tu familia y, cuando lo hagas, alegrarás su día. Recuerda la breve nota que le dejaste al conserje: "Anoche le diste al piso un brillo muy bonito; podía verme reflejada en él. Muchas gracias". ¿Cuándo fue la última vez que le dejaste una nota similar a alguien en tu casa?

Muchos de nosotros también tenemos la tendencia de criticar demasiado a nuestros seres queridos. Nuevamente, con ellos debemos tener la misma paciencia y cortesía que tenemos con nuestros compañeros de trabajo. Con un poco de tacto, puedes lograr grandes cosas en casa. A todos nos vendría bien ofrecer críticas entre dos gruesas rebanadas de elogios: "Juan, eres demasiado inteligente para sacarte un 6 en matemáticas. Me decepciona ver que bajen tus calificaciones, porque sé que tienes la habilidad para ser un estudiante sobresaliente. Por lo que resta del semestre, quiero verte estudiando por lo menos dos horas todas las noches. Sé que harás un buen trabajo si te esfuerzas". Luego, dale al niño un beso y un abrazo. Una vez más, has usado la técnica del "sándwich".

Todo lo que haces para convertirte en un buen líder también es una práctica eficaz fuera de la oficina. Por ejemplo: "La velocidad del líder es la velocidad del grupo" es un pensamiento que puedes aplicar en casa. El padre que trata de reunir a sus hijos para que ayuden en la limpieza primaveral de la casa recibirá mucha más cooperación y entusiasmo si pone manos a la obra en lugar de darles órdenes a los demás. Y "la gente apoyará lo que ayuda a crear" es una regla que funciona tanto dentro como fuera de la oficina.

Un verano, una amiga mía llevó a sus tres hijos adolescentes a Europa. Les pidió su ayuda para planear todo el viaje. Iban a visitar tres países —Inglaterra, Francia e Italia— y le pidió a cada uno de sus hijos que se responsabilizara de planear todo el itinerario de viaje de uno de los países. Cada uno fue a la biblioteca a investigar los lugares históricos que debían visitar en "su" país. Después, durante varias semanas antes del viaje, la familia se reunió para hablar sobre el itinerario para cada día de vacaciones. Esta madre fue muy sabia al solicitar la participación de sus hijos. Pudo haber planificado todo el itinerario con un agente de viajes y esto hubiera sido mucho más fácil, pero de haberlo hecho así, probablemente sus hijos no hubiesen tenido tanto entusiasmo por el viaje y tampoco hubiesen aprendido tanto. Al participar en la planeación del viaje, todos estuvieron de acuerdo en que habían sido las mejores vacaciones que jamás habían tenido.

Un padre tampoco debe esconderse detrás de una política en el trato con sus hijos. Por ejemplo, piensa en una hija de 15 años que ha sido invitada a su primer baile. Su padre le advierte que tiene que estar en casa a las 11:30 de la noche.

—Pero ¿por qué tan temprano? —pregunta ella —Si el baile no termina hasta la 1 a.m.

—Ya me oíste. Tienes que estar en casa a las 11:30.

—Pero ¿por qué?

—Porque yo lo digo. Soy yo quien manda aquí. Puedes hacer lo que quieras con *tus* hijos. Pero en mi casa, yo soy el jefe.

—Me estás tratando como a una bebé —grita ella.

—Yo te trato como quiera. Soy tu padre.

Lamentablemente, esta situación es muy común. Necesitamos que nos recuerden de vez en cuando que no debemos dar órdenes a nuestros hijos, debemos darles dirección, guía y educación.

Quizá tus padres fueron tiranos y por eso piensas que tienes el derecho de tratar a tus hijos de la misma manera. Pero el hecho de que las cosas eran así cuando estabas creciendo, no quiere decir que ese comportamiento esté bien hoy. Los jóvenes dicen: "Estos son otros tiempos" y tienen razón. Las cosas *son* distintas hoy. Debemos aprender a lidiar con los cambios sociales y con los cambios en el mundo de los negocios y en el mundo profesional.

Hemos hablado sobre el estrés en el trabajo, pero el estrés no está limitado a la oficina o al lugar de trabajo. El estrés está en todas partes y puedes disminuirlo en la mayoría de los casos. Para ello, primero debes estar al tanto de los problemas que causan estrés. Con frecuencia, preferimos no ver los problemas con la esperanza de que desaparezcan. En lugar de esconder los sentimientos, una familia saludable los expresa y esto puede disminuir el estrés.

Por ejemplo, una persona puede disfrutar mucho más de su función en la oficina en comparación con su vida en casa y puede sentirse culpable por eso. Es posible que sepan manejar el estrés del trabajo, pero se sientan presionados en su vida personal. Quizá estar al volante de un auto durante un tráfico agobiante con el auto lleno de niños ruidosos les afecta los nervios o quizá es posible que la persona se sienta estresada cuando tiene invitados en casa porque se pregunta cómo reaccionará la gente a los preparativos que ha hecho. Además de la carga de trabajo en la oficina, una persona puede sentirse presionada por no tener suficientes horas en el día para poner su casa en orden. Es necesario que tu vida esté sincronizada tanto dentro como fuera del trabajo, pues si no puedes manejar tus responsabilidades personales, bien podría verse afectado tu trabajo. No puedes vivir dos vidas. ¡Todo debe estar en armonía!

A lo largo de este libro, se han hecho muchas sugerencias sobre cómo trabajar con tu gente de manera eficiente utilizando mi estilo autodidacta del liderazgo de la Regla de Oro. Aunque pocas personas pensaron que esto podía aplicarse a los negocios, hemos comprobado que sí se aplica y funciona. Estos principios no están patentados. Lo que ha funcionado para nosotros también funcionará para ti, pero sólo será válido si se hace con integridad y convicción. No puedes fingir que vives según la Regla de Oro porque la gente lo intuye de inmediato. Debes ganarte el respeto incondicional de la gente con la que trabajas. Y, claro está, se te juzgará por tu comportamiento tanto fuera como dentro del trabajo. Nadie puede vivir bajo normas de comportamiento distintas dentro y fuera del trabajo. Nadie puede servir a dos amos.

Aunque el propósito de esta obra es desarrollar tus destrezas de liderazgo, espero que no te limites a ponerlas en práctica en la oficina solamente. No te involucres tanto en tu trabajo que desatiendas a aquellos que tienes más cerca: tu familia. Si estableces claramente tus prioridades, no se te escapará lo mejor de tu vida. Finalmente, les deseo a cada una de ustedes una vida plena: una vida que enriquezca las vidas de todos los que les rodean.

Las directoras nacionales de ventas independientes hablan hoy sobre los principios Mary Kay

"Ante todo, hemos aprendido lo intangible viendo a Mary Kay desempeñarse como líder. Sus técnicas han estado conmigo toda la vida —afirma **Doretha Dingler** de Estados Unidos, primera en ganar 100,000 dólares en comisiones durante un solo mes—. Ella era capaz de sacar a la luz esa 'joya' que hay en cada una de nosotras. Mary Kay trataba a las personas de la manera que quería que la trataran a ella y las hacía sentir de maravilla".

"Nuestra área ha sido muy buena brindando ayuda a sus integrantes en momentos difíciles. Debido a la influencia de Mary

Kay, enviamos notas, donamos tiempo y dinero y, más que nada, vivimos una vida de generosidad. Aprendimos esto de la propia Mary Kay", señala **Judie McCoy** de Estados Unidos.

Rosa Jackson de Estados Unidos ha visto los principios de este capítulo puestos en práctica. En 1969, estudiaba para obtener su maestría en educación religiosa, mientras su esposo completaba estudios de seminario en Atlanta, Georgia. Cuando Mary Kay Ash se enteró de los problemas que enfrentaba Rosa en su negocio "fue entonces cuando Mary Kay se involucró personalmente. Se convirtió en mi porrista personal. En nuestras conversaciones sobre los prejuicios, ella se disculpó a nombre de nuestra sociedad. Me dijo: 'Creo que todos somos iguales ante los ojos de Dios. Puedes alcanzar la cima con tu negocio, así que no dejes que unas cuantas personas con actitud limitada e intolerante te desanimen'".

Epílogo

Líderes que hacen líderes: el legado viviente de Mary Kay

La gente me pregunta constantemente de dónde vienen la inspiración y la motivación. Éstas provienen de las directoras nacionales de ventas independientes que han logrado convertirse en el prototipo de lo que espero que todas las integrantes del cuerpo de ventas independiente lleguen a ser. Un día de estos, recibirán de mí la antorcha y será su responsabilidad llevar nuestra compañía más lejos que nunca. Sé que no me equivoco al tener fe en ustedes. Gracias por ser tan maravillosas. Gracias por su liderazgo y por creer en nuestra empresa. Gracias por todo lo que hacen para que miles y miles de mujeres alcancen el mismo éxito que ustedes disfrutan.

Mary Kay Ash, discurso a las directoras nacionales de ventas, 1993

Cuando comenzó a prepararse para escribir un libro sobre sus principios de negocios, Mary Kay no imaginó que algunos líderes de negocios considerarían revolucionarios sus principios y valores fundamentales, y otros los calificarían como "curiosos", pero estaba segura de que estos principios funcionaban. Al momento de publicarse por primera vez esta obra, en 1984, Mary Kay ya había administrado su propio negocio durante 20 años *al estilo Mary Kay* y había trabajado para otras organizaciones durante 25 años. Había vivido la frustración de ser una madre trabajadora sin modelos que seguir y pocas oportunidades de progresar. En aquel entonces, nadie en el mundo de los negocios tenía la menor idea de lo que sucedería al mantener enfocados la mente y el corazón de la mujer. Si algo entendía Mary Kay a la perfección eran las posibilidades que tenía la mujer. Sabía que, una vez que se encamina hacia el éxito, la mujer alcanza su potencial máximo. Muchas de las directoras nacionales de ventas Mary Kay más destacadas se maravillan de la manera en que ésta creyó en ellas mucho antes de que ellas creyeran en sí mismas.

Mary Kay falleció en 2001; no obstante, sus valores y principios continúan atrayendo a personas de todas partes del mundo a su inusual compañía. En la actualidad, más de 1.8 millones de mujeres son vendedoras independientes Mary Kay y los productos *Mary Kay*® se venden en más de 35 mercados alrededor del mundo.

Richard Rogers, hijo de Mary Kay, cofundador y presidente ejecutivo de Mary Kay Inc., rindió homenaje a estas mujeres y, en particular, a las líderes del cuerpo de ventas independiente durante el seminario anual de la empresa en su primer discurso público tras el fallecimiento de Mary Kay:

Mary Kay sabía que lo que había iniciado trascendería su vida. La tarea de enriquecer la vida de la mujer alrededor del mundo no acabaría al terminar su vida. Sabía que necesitaría el liderazgo de quienes creen en su sueño y están comprometidos con difundir sus principios y creencias.

Mi madre era inteligente, pero incluso no creo que ella pudiera concebir que tantas mujeres consiguieran el título de directora nacional de ventas durante el transcurso de su vida. Ustedes son las primeras de muchas generaciones de líderes que llevarán su antorcha a través del mundo para darle significado a su vida en un nuevo siglo. En el funeral de mi madre, miré a mi izquierda y ahí, hasta donde mis ojos alcanzaban a ver, estaban ustedes, honrando a Mary Kay con los gratos recuerdos que ella les dejó. Líderes y modelos por derecho propio, mujeres fuertes, capaces y genuinas ante el mundo, para que éste vea el legado de Mary Kay en cada una de ustedes.

Richard Rogers

Además de una cultura ampliamente reconocida, Mary Kay Ash forjó un sistema organizacional en el que los líderes continuamente sirven de mentores a nuevos líderes dentro del cuerpo de ventas independiente. Su concepto de "líderes que hacen líderes" ha sido estudiado por académicos durante muchos años. Finalmente, se convirtió en un plan de sucesión. Hoy, las directoras nacionales de ventas independientes son el modelo y brindan la inspiración y motivación que la propia Mary Kay representó durante los primeros años de la organización. Las directoras nacionales de ventas son las más destacadas entre millones de mujeres que han establecido negocios Mary Kay.

Al infundir sus principios en esas líderes, Mary Kay continuó influyendo y siendo un factor esencial en el éxito de la corporación mucho tiempo después de terminar su participación activa en la administración de ésta.

Por ejemplo, cuando se publicó la edición original de este libro en 1984 titulada *On People Management* había 60 directoras nacionales de ventas Mary Kay y todas residían en Estados Unidos. Transcurrirían siete años más antes del debut de una directora nacional de ventas en una subsidiaria internacional, pero hoy más de la mitad de ellas residen en mercados mundiales. Más de 500 mujeres empresarias alrededor del mundo se han convertido en directoras nacionales de ventas y ellas atribuyen este alto nivel de éxito al sencillo plan que la propia Mary Kay diseñó. En culturas, naciones e idiomas muy lejanos de su natal Texas, las directoras nacionales de ventas proporcionan ahora el laboratorio viviente con modelos a seguir para las generaciones que nunca tuvieron la oportunidad de conocer personalmente a Mary Kay.

Asimismo, la redacción de esta obra representa un ejemplo del estilo de liderazgo de Mary Kay con sus directoras nacionales de ventas. Quería asegurarse de que el texto reflejara no sólo sus propias ideas, sino las experiencias de la primera generación de líderes de la compañía. Así que, a principios de la década de 1980, invitó a 12 directoras nacionales de ventas destacadas a venir a Dallas para hablar sobre su experiencia poniendo en práctica los principios de Mary Kay en sus propias vidas y carreras.

Ann Sullivan, una directora nacional de ventas emérita que desarrolló su negocio Mary Kay en Missouri, fue una de las invitadas al intercambio de ideas:

> Mary Kay era una experta compartiendo ideas. Nos pidió que escribiéramos todas las cosas que habían sido esenciales en el desarrollo de nuestros negocios basándonos en sus principios. Estaba ansiosa de que compartiéramos cualquier cosa que pudiera ayudar a otras personas que seguían nuestros pasos. Luego, discutimos todas las ideas. Ésa es la verdadera esencia de su genialidad. Muchas ideas compartidas que se multiplicaron con el tiempo.

La gente en los principios

Liderazgo al estilo Mary Kay

Fiel creyente en la simplicidad, Mary Kay también resumió los 23 capítulos de su libro original en ocho afirmaciones que ella llamó sus principios de liderazgo (véase pág. 257). Quizás algunos lo consideren un compendio de los conocimientos en esta obra. Eso no le hubiera molestado a Mary Kay Ash en lo absoluto. Para ella, lo principal era ser lo más clara posible para que la gente no tuviera problemas al comprender tales conceptos.

Durante nuestra encuesta a las directoras nacionales de ventas independientes, tres de estos ocho conceptos de liderazgo fueron designados de manera continua como los principios de mayor trascendencia, quizá por su énfasis en la gente y las prioridades que, sin duda, forjaron la organización desde sus comienzos.

Los principios

1. Elogia a las personas en su camino al éxito
El reconocimiento es la más poderosa de todas las motivaciones. Incluso la crítica puede desarrollar la confianza si la conviertes en el relleno del "sándwich" y la pones entre dos rebanadas de elogios.

2. Derrumba la torre de marfil
Mantente accesible y escucha a todo el mundo.

3. Arriésgate
Anima a tus equipos a arriesgarse también.

4. Enfócate en las ventas.
Mantente atenta a las necesidades y deseos de tus clientas.

5. Ocúpate de los problemas
Identifica problemas reales y resuélvelos.

6. Crea un ambiente de trabajo sin estrés
Motiva a la gente a aumentar la productividad.

7. Desarrolla y asciende a la gente dentro de la organización
Así, fomentarás la lealtad.

8. Mantén los negocios en su debido lugar
Y aprende que ésta es la verdadera clave para el éxito.

Los tres principios más importantes son:

Elogia a las personas en su camino al éxito.

Desarrolla y asciende a la gente dentro de la organización.

Mantén los negocios en su debido lugar.

Un arrollador 60 por ciento de las participantes señaló que elogiar a las personas es el principio de mayor influencia en sus carreras y está de acuerdo con estas palabras de Galina Kiseleva de Rusia, la directora nacional de ventas más destacada en la región de Europa:

> Este libro es la prueba perfecta de que elogiar y dar ánimo no sólo es vital en la vida personal, sino también en los negocios. Cuando elogias a la gente, influyes en sus intereses personales y su esfera de crecimiento personal. En los negocios, esto puede tener una influencia directa y positiva en el resultado de su trabajo. Elogiar a las personas genera una atmósfera fructífera que, a su vez, desarrolla la confianza en sí mismos.

Otro original precepto de liderazgo Mary Kay, y el segundo de mayor influencia entre los ocho, también sigue el principio del trato con la gente. No es de sorprenderse que sea el alma de la filosofía Mary Kay de "líderes que hacen líderes".

Nan Jiang de China, la directora nacional de ventas más sobresaliente de la región de Asia y el Pacífico, describió de la siguiente manera el principio de desarrollar y ascender a la gente que está dentro de la organización:

> Mary Kay dijo una vez que el liderazgo comienza en el corazón, no en la mente. Es difícil desarrollar y ascender a otras personas si no creemos, apreciamos, respetamos y entendemos el estilo Mary Kay. Ella fue quien me enseñó que el liderazgo comienza en el corazón, no en la mente. Su filosofía es su regalo.

Una versión ampliada de la filosofía "primero Dios, segundo la familia y tercero la carrera" ocupó el tercer lugar entre los principios Mary Kay más mencionados. El poderoso efecto de este principio (mantener los negocios en su debido lugar), no debe subestimarse entre un grupo de mujeres de negocios enfocadas, centradas en su carrera y exitosas. O, como bien dice la directora de ventas independiente más renombrada de América Latina, la mexicana María de los Ángeles D'Acosta de Anda:

> Cuando descubrí que Mary Kay no era sólo un negocio, sino un conjunto de principios para guiarnos en los negocios y en la vida, me enamoré de la compañía. La filosofía de Mary Kay de "Dios primero, la familia segundo y la carrera tercero" fue uno de sus legados más significativos. Ella nos demostró que el camino hacia una vida plena viene al ayudar a los demás a lograr una vida plena. Es muy gratificante poder ejercer una influencia positiva en la vida de tantas mujeres a la vez que se mantienen en orden las prioridades de la vida.

Los capítulos más importantes del libro

Todas las directoras nacionales de ventas que participaron de la encuesta coincidieron en que los 23 capítulos del libro son importantes. Además, consideran que cada uno contribuye a interiorizar el mensaje general. Sin embargo, cuatro de ellos se mencionaron en forma constante como los capítulos que tuvieron mayor influencia personal. Curiosamente, estos capítulos lo dicen todo sobre Mary Kay Ash y acerca de las repercusiones de su mensaje entre las mujeres.

Los cuatro capítulos son:

La esencia de la filosofía Mary Kay:
Capítulo 12: Ayuda a las demás personas a obtener lo que desean y tú obtendrás lo que deseas

Los cimientos de su legado:

Capítulo 1: Liderazgo de la Regla de Oro

Reconocimiento único a los demás:

Capítulo 3: El letrero invisible

Su estilo práctico de liderazgo:

Capítulo 9: La velocidad del líder es la velocidad del grupo

Como joven mujer de negocios, Mary Kay aprendió algo que dejó
en ella una fuerte impresión que nunca olvidó e instaba a todos a po-
nerlo en práctica. Se trata de "el letrero invisible". Al momento de su
fallecimiento en 2001, mientras llegaban a raudales los reconocimientos
de los medios de comunicación alrededor del mundo, una estudiante de
posgrado en negocios le escribió una carta para darle las gracias por la
valiosa lección inherente en esta filosofía del "letrero invisible". La carta
fue publicada como editorial en un prominente periódico. La estudiante graduada relató lo mucho que mejoraron las evaluaciones paritarias
desde que su clase adoptó el *mantra* "hazme sentir importante" de Mary
Kay. Además, siguiendo los consejos de Mary Kay, dicho principio
motivó a los estudiantes graduados a aplaudir las presentaciones de sus
compañeros.

La respuesta favorita de Mary Kay cuando alguien le preguntaba
cuáles eran sus metas luego de llegar a ser tan famosa era: "Hoy será un
buen día, si sólo una mujer más se da cuenta de lo maravillosa que es".

Conclusión: líderes que hacen líderes

Barbara Sunden, quien actualmente es la directora nacional de ventas
número uno en el mundo, describió el papel que hoy desempeñan las
directoras nacionales de ventas.

Nuestro liderazgo es un reflejo de nuestra fundadora y de su influencia, su fe en los demás y su visión para un mejor futuro. Hay una manera de hacer las cosas y para nosotros, las cosas deben hacerse al estilo Mary Kay. Aprendimos a administrar nuestro negocio de la propia Mary Kay. La observamos, la escuchamos y aprendimos de su sabiduría práctica. Para quienes nunca tuvieron el privilegio de conocerla personalmente, nosotras somos el verdadero modelo de cómo llevar tu negocio hoy al estilo Mary Kay.

Cuando Mary Kay nos enseñaba cómo llevar nuestro mensaje a las nuevas integrantes de equipo, nos decía:

Diles cómo lo haces.

Muéstrales cómo lo haces.

Deja que te muestren cómo lo hacen.

Con frecuencia, oímos decir que Mary Kay creía que hay mucho que debes aprender por tu cuenta y que no se puede enseñar.

Esto es muy cierto y muy necesario.

Es muy cierto que tantos de los principios Mary Kay han sido "aprendidos" por mujeres cuyos estilos de vida e idiomas son inmensamente diferentes y el verdadero significado de ellos puede resumirse en las palabras de una mujer que nunca conoció a Mary Kay Ash. La directora nacional de ventas independiente Valentina Munatayeva de Kazajstán describió un profundo sentido de compromiso de continuar difundiendo el legado Mary Kay:

Su sabiduría es sencilla y profunda. Mi tarea es convertirme en el vehículo para continuar difundiendo la sabiduría Mary Kay para las consultoras de belleza. Para formar un gran rompecabezas, necesitas pequeñas y hermosas piezas.

el ESTILO
MARY KAY

Esta edición se imprimió en julio de 2009, en *Acabados Editoriales Tauro, S.A. de C.V. Margarita No. 84, Col. Los Ángeles, Iztapalapa, C.P. 09360, México, D.F.*